颜光明 著

轮上呓语

机械工业出版社
China Machine Press

《轮上呓语》为汽车评论家、著名汽车记者颜光明先生从事汽车产业报道及汽车产业评论的随笔合集。全书共收录了颜光明先生近年来发表的52篇文章，书中分为"何谓文化""知中之境""车路如山""野心时代"四个部分，从文化传播、汽车广告、自主品牌建设、汽车营销、车企新战略等角度对作者在汽车产业界的所见所闻进行了评述，是中国汽车产业和汽车文化发展历程的写照。

图书在版编目 CIP 数据

轮上呓语 / 颜光明著. —北京：机械工业出版社，2017.10
ISBN 978-7-111-57989-2

Ⅰ.①轮… Ⅱ.①颜… Ⅲ.①汽车工业－工业发展－中国－文集 Ⅳ.①F426.471-53

中国版本图书馆CIP数据核字（2017）第221863号

机械工业出版社（北京市百万庄大街22号　邮政编码100037）
策划编辑：赵海青　　　责任编辑：赵海青　　　责任校对：李新承
封面设计：黄勤水　　　责任印制：孙　炜
保定市中画美凯印刷有限公司印刷
2018年2月第1版第1次印刷
148mm×210mm・7.5印张・167千字
标准书号：ISBN 978-7-111-57989-2
定价：49.00元

凡购本书，如有缺页、倒页、脱页，由本社发行部调换

电话服务　　　　　　　　　　　网络服务
服务咨询热线：010-88361066　　机 工 官 网：www.cmpbook.com
读者购书热线：010-68326294　　机 工 官 博：weibo.com/cmp1952
　　　　　　　010-88379203　　金 书 网：www.golden-book.com
封面无防伪标均为盗版　　　　教育服务网：www.cmpedu.com

序

汽车旁观者之书

好的作品，会让人想找点时间静下心来，去读。

颜光明先生的作品就属于此类，不要想在书中捕获什么新鲜事，这里更多的是发人所未发的观点，说人想做却没有去做的想法。此外，每篇文章里，学问的味道很浓。

所以，作者的文章若烹小鲜，将复杂的品牌现象、模糊的产品调性、错位的市场营销，剥丝抽茧、层层分解，读来恍然大悟。虽然，这尚不是先生对单一问题的长篇思考，但观察视角下，也让每篇文章有的放矢，总有观点值得品味。

凡事不宜苟且，而于汽车尤甚。中国的各大汽车品牌和产品，如同不同菜品，所用原料大同小异，但是经过名厨之手，经过一番"讲究"之后，便成了人间至味。本书作者便是这样的名厨，每篇文章都要深思熟虑后才敢下笔，从不敷衍了事，也无私心左右，既为品牌支招、为产品建言，又为中国汽车未来输出思想，善莫大焉。

　　与作者相识很是偶然，是在遥远的漠河边陲——荣威丈量极地之旅。碰巧我们同车坐在一起。这仿佛是冥冥中的注定，我们一路上十分畅快地聊了起来。先生生性沉静、涉猎广泛，对艺术、书籍、美术和行走，都有独特的体会。在为期五天的采访中，他的采访本和笔几乎从不离手，每有所获便奋笔疾书，记录下来。想必这样的场景，大家不会陌生。此外，作者在每一次新车发布或采访后都会酣畅淋漓地快评，让不少人专门去朋友圈看看观点。

　　在与作者的交往中，类似的细节令人印象深刻，也对年轻汽车媒体人的成长有帮助。他经常会说："我们要为汽车行业做点事""我还有几个大的工程没有完成"……

　　这也是我平日喜欢和长者交谈的原因，因为他们的阅历和思考是经过时间沉淀的，在和先生的长期见教过程中，我发现后学们认为是写稿任务，在先生这里是写作机会，这就是写稿和写作的区别。

　　这与发自内心热爱汽车有关。在作者看来，发布会、试驾会、冠名赞助活动，可以将日常的思考借机写出，是难得的写作机遇，也是可贵的写作缘由。这是一个旁观者应有的态度。这本书，就是一本旁观者之书。

　　读作者的作品，听作者的言语，总是能感受纯粹的态度和超脱的处事。从1985年进入汽车新闻领域，到建言并参与中国汽车市场重大事件，作者目睹并亲历了汽车品牌的风云变幻、汽车人物的起落变幻、汽车销量的城头变幻，是一位资深的见证者。

见证者并非只有作者一人，与作者同辈前后的汽车媒体同仁也多有亲历者，但是作者比起诸公，虽然不能以京城之势激扬文字，但也有独特的地理高位以为掎角。在上海这样一个改革开放的前沿阵地，作者对上汽大众、上汽通用、南汽等车企，所历之人交谊深厚，所历之事如数家珍；对产品的前世今生，更是信手拈来。身处沪上，又是上海人，先生对企、车、人观察的更为细致贴近，脉络也更清晰。

除了旁观者、见证者，本书作者还是一位不折不扣的建设者。在书中，中国车急需"汽车思维"、中国汽车消费缺什么、汽车如何让生活更美好……诸多作者之思、作者之问闪烁其间。"如果我们再不醒来，以'汽车思维'去思考这个世界，我们失去的也许不仅仅是市场、话语权，还有大国的脸面。"类似的忧患意识和谆谆告诫散落各处，也反映出作者怀有悲天悯人的胸怀。

作者笔耕不缀已有33年，劳心费力的坚持，熟知其作风的老友都深知这个过程殊为不易。但是，正是因为经年累月的观察、评论、分析汽车市场，先生在恰当的节点，通过文章观点推动并促成了某些事件，是为建设者。

正是因为是旁观者、亲历者和建设者的多重角色，作者注定是一个辛勤工作的人，他找线索、查资料、访人物、记速记，青灯黄卷，写得艰辛！

我很敬重这种态度，不去做领域内的权势人物，甘于伏案，创立自己独特的写作范式，丰富了汽车报道的内容创作，值得更多的人去体会这种态度带来的快乐。

作者一直嘱我写序，我自知难当重任，拖延数月，但也让我有机会盘桓多日，细细研读书中"何谓文化""知中之境""车路如山""野心时代"等四辑。读罢全书，掩卷发现，每个篇章，都试图解决一个问题，但总的来说，都离不开一个命题：未来的汽车将是怎样的，又应当是怎样的。

今日，恭敬不如从命，品味作者淡泊老成、审视深邃文风之后，写下以上数语。

望不耽阅赏。

周海滨

2017年11月7日立冬

自序

中国车急需"汽车思维"

颜说：进入21世纪，汽车产业面临空前危机，汽车是死还是生，不容选择。通用的落败与大众的幸运，以及丰田的活法，已经揭开了汽车未来生存游戏的序幕。如果我们再不醒来，以"汽车思维"去思考这个世界，我们失去的也许不仅仅是市场、话语权，还有大国的脸面。

汽车对于中国来说是个敏感的话题。三十年前是这样，三十年后也是这样。以前焦虑的是如何避免一哄而上，呼吁健康有序的发展，还有明确的方向；现在则是困惑，陷入了经历高速增长之后不知路在何方的迷茫。

"应该看到，目前满街都是外国（主要是日本）的汽车是不正常的。"这是1985年大家的共识。今天，不再是日本车，而是"八国联军"了。而今忧虑的是，不但是窝里斗，而且外资车企在中国扩张也已失控，本土车企生存空间告急，已危及汽车产业的前途和命运。

三十年来的高歌猛进应有个反思

"要成为国民经济支柱产业""汽车工业要成为样板工业""出口导向型"等目标，三十年过后，除了"出口导向型"没有如愿，上述目标似乎业已实现，给中国装上了轮子，为现代化的中国带来了最大的亮点。然而，当中国汽车产销连续六年蝉联世界第一，成为名副其实的汽车大国时，却让人高兴不起来，甚至感到更加的不自在，大而不强的隐忧让人难以重拾当初发展汽车工业的信心。这是为什么？

权威机构分析，"2014年中国品牌在轿车市场销量同比大跌16.88%，由2013年的328.32万辆跌至272.91万辆。相对于外资品牌竞争力薄弱仍是主要因素。"中国汽车工业协会秘书长董扬预测，"2015年自主品牌汽车的市场占有率有可能还会下降。"这就提醒我们，失去了市场主导地位的中国品牌，其汽车产业是否还能叫自主已成了一个问题。中国品牌汽车销量连续12个月连跌除了说明技不如人，也说明合资并没有获得真正的技术和市场的认可，这已是不争的事实。有人甚至认为，中国汽车合资企业实际上沦为了"代工厂"。当然，这里也有我们的投资，还不能完全这样说，但层出不穷的合资产品打的都是别人的LOGO（品牌），这也是不争的事实。

业内人士尖锐地指出，"我们仍面临两个怪圈，即越依赖越落后，越落后越依赖。""本土汽车必须清楚一个观念，企业应靠自己的力量来发展，别人只能帮忙，企业要自己攻克汽车技术和管理难关,提高产品质量和技术水平,降低生产成本,才能提高竞争力。"

显然,这都是浅显和简单的道理,但一遇到现实有多少车企沉得住气?赚快钱,走捷径,都想一夜暴富,成为国内生产总值(GDP)的英雄。重复引进从此就再也没有罢手。如果按照当时国家规划的"三大三小两微"的发展思路,从引进技术、国产化,再到自主研发,走自我发展之路,即按日、韩汽车业的经验走,合资企业的使命早就完成,也许历史就会改写。然而,汽车一旦被绑在GDP的战车上就下不来了。从重复引进到疯狂扩张,虽然GDP上去了,但市场失序,其对产业的贡献都被利润所替代。事实证明,"几大汽车霸主濒临破产,而中国市场却帮了大忙。"通用就是最典型例子,有三分之一的销量在中国。大众尤为突出,还有奥迪,如果没有中国市场,大众和奥迪能有今天的成功吗?对于这一点,不少外资车企不得不承认,并认为"得中国者得天下"。

在锐腾发布会上,从上海通用转岗至上汽乘用车的总经理王晓秋说:"市场留给中国品牌的时间不多了。"他的担心并非多余,因为他了解汽车合资企业的心思和野心,知道自主品牌车企的软肋和命门。他认为,到2020年,中国汽车市场整体增速大大放缓,如果在当下高增长的市场态势下,自主品牌车企都无法作为,那么在未来车市陷入停滞之后,就更没有实现追赶乃至超越的可能。

这是实话。当全新赛欧价格下探到5万元级时,中国品牌的低端车性价比策略几乎失灵,尤其是启辰R30发布起售价为3.99万元时,舆论直言,这是在血洗中国品牌。大众也不甘落后,在2015年日内瓦车展上放出2016年在华推出7.5万元低价车的信息,并为做大年产500万辆市场基盘做铺垫。统计资料显示,无论是大众还是通用,乃至其他外资车企,在政策上允许都有两个合资企业,但实际上都在"超生",几个或十几个工厂都在拔地而起,而且分布在全国各地,形成网络化,"二工厂现象"所造成的汽车合资企业的泛滥业已制约中国汽车业的发展。

别人都4.0了,我们如何"弯道超车"?

客观来看,中国汽车业在纵向上有很大的飞跃,甚至有过"一步跨越三十年"的豪迈,但横向比依然在山腰上。"德国人通过西门子、博世、奔驰、宝马和大众等跨国公司在中国工业处于2.0和3.0时赚取的超额利润,返回国内却在支撑未来工业4.0计划,但是在这个价值链中,中国被强硬地排除在外。"2015年3月,在奥迪年会上,主办方发给与会者的U盘是由3D打印机打印出来的。这一细节在告诉外界,奥迪制造已经开始进入工业4.0时代。当国内在忙着试图通过新能源汽车"弯道超车"转型升级,或爆发式地与互联网拥抱企图改变汽车业态,创造奇迹,甚至玩起互联汽车和自动驾驶、网络造车等时,却恰恰忽视了自己的基础和底蕴还远没有能够让你自由飞翔,仍处在低级概念的炒作和折腾中。

纵观自主品牌现状,过去是山寨,现在是换马甲或贴牌(合资自主)。虽有正向开发的车型,但市场的认可度依然是个问题,有的还是一身"名牌"(国际知名零部件厂商配套),关键技术(发动机和变速器等)合作开发,生产设备都是源自国外一流供应商,性能毫不逊色合资品牌等,但市场表现并不如意,能打动消费者的还是凤毛麟角,在主流市场上难成气候。在消费者印象中,中国品牌不如合资品牌已被固化为一种先入为主的惯性思维。当不少合资品牌出现严重的质量问题时,却并没有影响销量。这不仅是对汽车市场放开的讽刺,也是对汽车认知的误导。比如,某些豪车负面越多,销量越大;排量越大,销路越好;作秀越多,声音越响。2014年豪车180万辆的销量足以证明,豪车不愁卖。每年两位数的增长带来的是富有流成河的假象在蔓延，甚至波及三、四级的小县城。

这是个难以遏制的畸形消费怪圈。全民都在贪大求洋，助长合资汽车、豪车疯狂增长无人阻止，受到最大伤害的不仅是自主品牌车企的自信，还有整个汽车产业理念和价值观的扭曲。合资企业搞得再好，自主品牌车企上不去，汽车市场开放还有意义吗？自主品牌车企的困惑就在这里。随着环保要求加严，治霾力度加大，汽车产业转型势在必行。

"弯道超车"，可以摆脱国外技术垄断和外资的控制，由此改变格局。政府鼓励并出台了销售补贴刺激新能源汽车市场培育的政策，于是，新能源汽车热超乎想象地遍地开花。本来是好事，但是想不到部分企业躺在补贴上睡觉。三十年前千军万马上汽车的乱象再度涌现。专家站出来反对，认为补贴不是办法，"没有任何一个产业能够靠补贴长期维持的"，还是希望通过提升技术、降低成本，便于使用和售后服务来赢得市场，实现产业转型的最终目的。丰田的经验表明，先从混合动力再到插电式混合动力、纯电动以及燃料电池等，循序渐进，通过社会协同来实现环保汽车的社会化和产业化是可行的。

问题是国内车企等得起吗？汽车产业需要的是耐心的长跑，而不是百米冲刺，最终的较量都离不开产品和技术。丰田用三十余年时间潜心研发混合动力汽车，及其他新能源汽车技术，这才拥有了今天的地位。当丰田混合动力汽车拥有700万客户时，我们才刚起步，而当丰田小型燃料电池车宣布进入家庭时，倒闭的将不仅是竞争对手。整个汽车产业必须转型，否则就是死路一条。

以"汽车思维"重塑汽车业乃至整个国家工业体系

人无远虑必有近忧。汽车作为国富民强的手段,从它诞生起就被当做国家发展模式最为重要的工具之一,是实现国家现代化作用最为突出的龙头产业,也是国家综合实力和国民素养最为形象的体现。从"出口导向型"的产业目标,到"奔小康"的国家意志,汽车产业所扮演的不仅是国民经济"火车头"的角色,还承担了大国崛起迈向世界的铿锵脚步。以这样的思维来看汽车产业,包括汽车消费和汽车生活方式的选择,无论从哪方面看,还不值得我们思考吗?

回顾历史,不难看到,几乎整个20世纪,通用汽车公司一直是汽车产业的化身。在20世纪20年代,阿尔弗雷德·斯隆提出为不同阶层及目的制造汽车的想法。大众从第二次世界大战废墟中站起来,率先推出可靠、廉价的甲壳虫,并以此在车坛立足。丰田更是以超乎西方世界想象的能力,发明了神妙快捷的丰田生产方式,使其他公司不得不师法其长。而这些想法或发明又无不与需求、文化和价值观有关。汽车产业的血雨腥风、暗自角逐,玛丽安·凯勒在《汽车大战》这本书中就已意识到。她选择了通用、大众、丰田三家公司作为21世纪汽车大对决的研究对象。她说:"我选择的全球三大汽车公司也代表了美国、欧洲和日本的三角国际竞争关系。三者都深刻地反映了自己的民族文化和社会文化,可从中一览各国的民族精神。"

进入21世纪,汽车产业面临空前危机,汽车是死还是生,不容选择。通用的落败与大众的幸运,以及丰田的活法,已经揭开了汽车未来生存游戏的序幕。如果我们再不醒来，以"汽车思维"去思考这个世界，我们失去的也许不仅仅是市场、话语权，还有大国的脸面。

（首发《中国新闻周刊》总第702期 | 2015-04-06）

目录

序（汽车旁观者之书） /219

自序（中国车急需"汽车思维"） /219

辑一 何谓文化 /001

汽车传播如何避免"低智商"？ /002
"跃进"广告为何感人？ /006
汽车赞助的迷失 /010
从"公民建筑"想到"国民车" /014
久石让能给雷克萨斯带来什么？ /019
豪车如何讲好"文化"故事？ /023
那些植入影视剧的汽车品牌 /027
电影植入是捆绑式广告？ /031
大众与丰田："王牌"与"王牌"的对决 /036
从"Das Auto"想到"在人家的花园里" /041
SUV盛行让我想到了夹克衫 /045
从汽车过度包装说起 /050
中国汽车消费缺什么？ /053
媒体何以成为营销载体 /057

汽车借助黄浦江看到了什么？　　/ 060
上海车展的文化反思　　/ 063
汽车如何让生活更美好　　/ 067

辑二　知中之境　/ 073

中国能否迎来小车当道时代？　　/ 074
自主品牌基因重塑的"雕刻时光"　　/ 079
学生设计的汽车有价值吗？　　/ 084
全新君越能否叫"国货"？　　/ 087
广本还在"闷声发财"，雅阁的本事是什么？　　/ 091
路虎国产"二孩"，你"发现"了吗？　　/ 097
南京依维柯：为何不炫耀不声张？　　/ 101
面对1000万辆的历史拐点　　/ 105
高尔夫GTI，"G"成了玩具，有必要吗？　　/ 109
宝马下沉要井水犯河水　　/ 112
保时捷在华是靠什么火起来的？　　/ 116
"汉腾"脱颖而出靠什么？　　/ 120
大家为何关注宝沃？　　/ 125
领克，一个与吉利切割的品牌　　/ 129

辑三 车路如山 / 135

纳瓦拉：万众创业的高端"SUV级皮卡" / 136
带血的轮毂击穿汽车成本底线 / 140
SUV消费为何只剩下了躯壳？ / 144
从皇冠想到品牌身价 / 147
"硬顶吉普"为何改称SUV？ / 150
车展办成"展销会"，中国汽车跑偏何方？ / 153
斯巴鲁，一个并不陌生的尴尬者 / 157
见证"伟大 不止"的插曲 / 160
广汽在沉默中激活三菱品牌 / 164
Jeep能拯救广汽菲亚特吗？ / 168

辑四 野心时代 /173

埃尔法与汽车消费三段论　/174
造车的意义及其他　/178
"雪佛兰是上海抹不去的记忆"　/181
黄浦江让别克焕发活力　/185
为什么说宝来天生是个喜庆的车型?　/189
上汽大通D90会否复制G10的套路?　/193
东风雷诺想打什么牌?　/197
DS撩拨的瘙痒是什么?　/201
从饥饿到温饱? 名爵锐腾推"十万元手排"　/206
雷凌双擎"零差价"带来的震撼　/210
混合动力 汽车革命的前夜　/214

后　记　/219

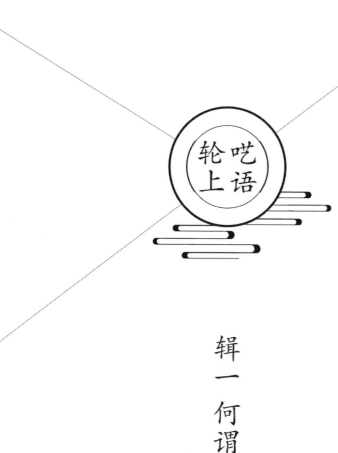

辑一 何谓文化

汽车传播如何避免"低智商"?

颜说：汽车产业正逢乱世，广告及传播鱼龙混杂，正不压邪，"恶俗"就有市场。问题是，汽车不仅是个体消费，还有意识形态的表达和诉求，其价值取向从未遭遇像今天这样的混乱和挑战。"如果只有极端的声音才能受到重视，那么公共生活就会衰落。"尤其是在汽车进入社会化的今天，如果我们不站在寻求最大公约数的角度思考问题，为大众带来利益，服务大众，那么汽车的"恶俗化"就难以遏制。

VOL.1

论汽车广告

日前在上海举行的一个"互联网+时代广告传播新态与效应"的学术研讨会上，著名翻译家、上海大学英美文学研究中心主任朱振武教授说，汽车广告要嵌入文化才有生命，尤其是要吸收传统文化，讲好故事才会有感性和温度，唤醒记忆和联想，不被同质化。

这是切中时弊的良言。当下汽车广告的粗鄙和过于强硬充斥视觉，甚至霸气逼人，躲也躲不掉。在高架桥上开车，老远就能看到"伟大，不止"的巨幅广告向你招手；出机场必经之道上安置"天生英雄"的灯箱广告干扰视线；打开网络，就会跳出"时代由此划分"的霸气逼人；翻阅书报、杂志就会看到"车之道，唯大众"的不容商量等。人们对这些牛气冲天的广告只能说，除了比块头、秀肌肉，剩下的就是财大气粗而已。尤其是大众，在所有的品牌广告当中都要加上一句德语"Das Auto"，圈内人戏称"打死奥拓"（中文音译），客观上产生了恃强凌弱的霸道行径，谁都难以接受，况且奥拓（谐音）也是一个汽车品牌，你凭什么要"打死"人家？

近年来，随着平面媒体断崖式的下滑，不少车企追逐电视娱乐节目有点过火，开始发飘，纷纷发布赞助消息，广而告之，动辄几千万，甚至上亿元地"砸"，就是为了吸引眼球。在他们看来，吸引力就是影响力，以为就此可以拉动销量，绑定观众就能赢得市场。从"中国好声音"到"挑战不可能"；再从"爸爸去哪儿"到"笑傲江湖"等，从这些冠名的节目或同质化节目，不是明争暗斗，就是竞相攀比；在传播上你争我夺，逞强斗富，彼此贬损，甚嚣尘上。有人称，这种现象的低俗化正在把汽车消费引入轻率归类、随意图解的歧途。由此，汽车营销"低智商"化所造成的文化缺失，如同雾霾在弥漫，兜售的不是娱乐致死就是一夜成名，有意或无意地把汽车捆绑在"成功学"的战车上试图找到商机。

在这样的背景下，有一家车企却在悄悄地资助一家文学网站，引起沪上文化学者葛红兵的关注。他说，在当下混沌的社会环境中，还有汽车品牌冠名文学，说明汽车行业还有情怀存在，不因善小而不为，至少给当今边缘化的文学送去了一点"光亮"，与物欲横流、消费至上的浮躁形成强烈反差。故有人赞赏这家车企"聪明"，有前瞻性眼光。再如，最近走红的《战马》引发了戏剧界的热议，成为一种文化现象。其中，引人关注的是某豪车品牌赞助了此剧，同样让人对其产生不俗的好感。该豪车一改以往美式包装，换上英式风格，顿时变得清新、儒雅起来，这一赞助被看作感性传播的回归。据上海戏剧学院副院长黄昌勇介绍，其实《战马》无需商业赞助，他们把赞助来的费用拿来降低票价，惠及观众，在博得舆论称赞的同时，赞助商的形象也得到了提升。

　　从以上两个例子当中，我们看到了文化的力量和影响不可低估。也许这些广告和赞助没有给人直接的感官和刺激，却能让人间接地感知"温暖"，传递"能量"。相信，无论是读者还是观众都会记住并潜移默化在他们的印象里。这就使我想起前不久，中国国际自行车赛事的主办方上门感谢一家车企的情景。主办方说该车企赞助的车辆保证了赛事的完成，提高了赛事的品牌形象。而车企并没有借此大肆宣传，认为这是企业的常态。于是，有人说，在人人都想当"人参"的风气下，这家车企甘做"大萝卜"的胸怀值得赞赏，反而成了稀缺的个案。

　　这些都是发生在我们周围的事，也是我所亲历或见证并采访过的新闻。在我看来，一些受人尊敬的品牌，并不是靠砸钱砸出来的，也不是靠所谓的造势造出来的，而是靠品质和口碑、文化植入、引发共鸣和认同站住脚的。高明的商家总是把眼光放在未来的现实市场，善于挖掘潜在用户，走在同行前面，从不临时抱佛脚，大有未雨绸缪的洞见和运筹帷幄的韬略。比如，某知名车企，长期以来一直赞助某大学的网站。在他们看来，在校的大学生出了校门就是潜在用户，抓住他们，就是抓住未来。无独有偶，20世纪90年代初，某日资车企在上海市区开设了一家豪华城市展厅（当时私家车市场还没有开放），我采访时问，你们既不卖车，又没商业目的，图的是什么？他们的回答是，我们是在做未来市场。见我费解，他们解释，现在的高中生就是我们未来的用户。可见，当时这家车企还未进入中国市场就已在谋划未来市场。

　　从广告的夸张到赞助的跟风，印证了美国文化批评家保罗·福塞尔对夸张过度的品牌所下的定义："恶俗"。他在《恶俗：或现代文明的种种愚蠢》这本书中写道，"判断一个广告是否接近恶俗，一个很牢靠的信号是修饰词'豪华'是否会出现。"再有，"'拥有之荣耀'通常会附着在一些要价极高的东西上，并以我们当中最没有存在感的可怜人为目标。"描述精准而逼真。比如，现在不少豪车为何还敢牛气哄哄，不就利用了不少文明人的愚蠢吗？君不见，昔日天价的豪车如今不都在几万元甚至十几万元地降？泡沫终于破灭，但谁也不认为自己愚蠢，这就可笑了。联想到汽车企业扎堆赞助电视娱乐节目，保罗也论及过，他说，"尽管不时会努力掩饰其羞耻心，还装腔作势，电视大体来说仍是贫民媒体。"他认为，一旦涉及书籍、思想、历史意义，以及文明对话中所拥有的复杂性、精妙性和讽刺性，电视就会死得很惨。

　　汽车产业正逢乱世，广告及传播鱼龙混杂，正不压邪，"恶俗"就有市场。问题是，汽车不仅是个体消费，还有意识形态的表达和诉求，其价值取向从未遭遇像今天这样的混乱和挑战。"如果只有极端的声音才能受到重视，那么公共生活就会衰落。"尤其是在汽车进入社会化的今天，如果我们不站在寻求最大公约数的角度思考问题，为大众带来利益，服务大众，那么汽车的"恶俗化"就难以遏制。

（首发微信公众号"汽车有智慧" | 2016-01-16）

"跃进"广告为何感人?

颜说：最近我看到一组广告让我眼睛一亮，本以为是宣传画，但仔细一看，它是"跃进"的广告。很显然，它的市场定位和客户目标非常清晰。很自然地就会让人想到，这是一组有情怀的广告，无论是创意还是画面，都有故事和情节，而且很煽情，由此不但能打动普通人，而且在审美上也有其朴实的感染力。

VOL.2
论"跃进"广告

如今，汽车广告成了"垃圾"。尽管这句话我不敢苟同，但反对的并不多，普遍认为汽车广告粗鄙泛滥，以致于空乏而苍白盛行，甚至大而无当，废话连篇，难以卒读。这话就像德国汉学家顾彬批评中国当代文学是垃圾引来"群殴"般的不满一样，但实事求是地说，难道这句话真的说错了吗？当下为何出不了鲁迅，矛盾，还有"巴老曹"？回到汽车广告，现在还有能与"拥有桑塔纳走遍天下都不怕"的广告比肩的吗？不要说记得住的广告，就连打动人的广告画面都很难找到。

这是为什么？有人说，中国有汽车购买力，却没有消费文化；会造车，但不会卖车；有车，却没有服务；等等。如果留心一下，随处都能感觉得到,在高大上的汽车广告背后总会产生熟悉的距离感和压迫感,或者是陌生的熟悉感和浮躁感。比如,豪华车除了宣扬与众不同的生活方式,还要与普通人区隔开来,就差写"上等人"几个字了。其实,如精英、企业家、引领先锋、高端族群等,都足以暗示这一点。所以,当"时代由此划分""引领天下大势""伟大·不止"等广告出来后,还会有"天生英雄""天生无畏"之类紧跟其后,从不谦虚,大秀肌肉。而中高端车都标榜自己是"中产阶级",描述他们对生活的诠释是引领社会的前卫人士,或被戴上潮人和时尚者的帽子。即便是低端车也不甘落后,也会玩出诸类"洞见时代先锋""梦想扑面而来""信赖有我,世界有你"等无厘头的空话。

如果说厂家没文化,就会跟你急,甚至把你骂得狗血淋头。事实上,每家车企在广告投入都不少。结果又这样呢?花了这么多钱做综艺,不是忙着找影视明星代言,就是扎堆赞助这个"声音",那个"去哪儿玩"的小孩秀。闹哄哄,就是为了博人眼球,为了那一点点关注度,到头来给人的印象不是浅薄就是烧钱,落得个毫无志向的商业游戏。静下心来想一下,你卖的是汽车,播下的是什么?那就值得思量了。如果一个有责任感的车企,就会用心思把自己的产品广告当作一种情怀和理念输出,让人记住的不仅是产品,还有这个企业的文化。

让人欣慰的是,最近我看到一组广告让我眼前一亮,本以为是宣传画,但仔细一看,它是"跃进"的广告。很显然,它的市场定位和客户目标非常清晰,很自然地就会让人想到,这是一组有情怀的广告。无论是创意还是画面,都有故事和情节,而且很煽情,由此不但能打动普通人,而且在审美上也有其朴实的感染力,道出了大实话,也指出了脱贫致富的方向。可见,现在的汽车广告设计并没有到让人失去信心的地步,问题不在于技巧和手段,而在于情感和理念。在我的印象中，南汽最出名的广告语"欧洲风格，南京依维柯"（自导自演），一时间风靡轻客市场。这句简单的广告语成了轻型客车的代名词。今天看到"跃进"这组广告，使我想到的是产品的背景和企业的背书。

"跃进"这个品牌曾经是中国最受欢迎的汽车品牌之一，深入中国人的骨髓，与中华人民共和国的情感紧密相连。朱德曾为南汽亲自题写厂名，党和国家领导人十分关心这家车企并寄予了殷切期望，它曾在计划经济时代发挥了难以替代的作用，被业界公认为中国轻型汽车制造基地。跃进品牌也就成了轻型汽车的第一品牌。

如果论及历史，它要比"解放"的历史还要悠久。它的前身是从战争烽火中走过来的汽车制造厂，有"一担挑"的革命传统，是中国轻型汽车的开拓者。资料显示，"跃进"曾在农村市场很受欢迎。对于"跃进"，广东人叫它"南京仔"（即宝贝儿），北方人称它"勤劳朴实的农村大姑娘"。对此，费孝通在南汽建厂四十年的题词中对跃进是这样期待的："为农村社会经济发展装上'跃进'的轮子是提高我国生产力的重要措施。"这位社会学家的眼光就是不一般，指出了跃进品牌的内核和它蕴藏的文化和生命力。

事实真是如此。多年前，我曾采访过一位农村用户，他替"跃进"做的广告，非常喜庆而阳光。他用朴实的话说，"跃进"使我们家富裕起来了。当时，这位农民用户的广告形象给我留下了一种情怀和自豪。不请名人代言，请用户代言。我想，也只有像南汽这样有革命传统的企业才会想到。这种把"军民鱼水情"的作风也融入了企业文化里的车企，在国内几乎找不到。由此，当我看到"买辆'跃进'当老板"的一组广告时，不仅是感受到了一种情怀，还听到了农民的心声，他们是在呐喊，喊出了当下的现实与对命运的抗争。于是，我又想到了费孝通对南汽说的话——

"农村最好不要用外国车，如果城乡都用外国车，实在太丢人啦！我们自己有能力发展自己的汽车工业，中国汽车工业恐怕要从农村寻找发展，农村这个大市场再也不能让外国佬占领。"

这是费孝通在20世纪80年代说的话。拿到今天依然是那样透亮而受用，具有现实意义。今天看来，"跃进"还是"跃进"，没有忘记本色，保持初心，还在关注农村，不愧为共和国的汽车长子（严格地说，南汽建厂历史比一汽要早），而且是有使命感的企业。它的造车理念体现了国家意志，秉承的传统依然能找到战争年代留下来的那种情感，一心向着老百姓。也正因为有这种情感和企业的价值观，才会产生"买一辆'跃进'当老板"的广告。而这组广告的每句话都说到了人们心里的柔软处——

背井离乡，家中父母怎么办？买一辆"跃进"当老板，多一点时间陪父母。

漂泊在外一整年，孩子成长怎么办？买一辆"跃进"当老板，养家培养下一代。

打工在外挣钱难，总是漂泊怎么办？买一辆"跃进"当老板，在家跑活来钱快。

这些话，不就有妈妈呼儿回家的感觉？有一位伟人说过，中国的问题是农民问题。农民富了，国家才真正富了。无论是晏阳初还是梁漱溟，乃至费孝通，都曾把改变中国的命运寄托在农村，今天依然如此。所以，"跃进"这组广告让我看到了一种情怀，这才是一个汽车国企矢志不渝的担当。

（首发微信公众号"汽车有智慧" | 2016-04-06）

汽车赞助的迷失

颜说：近年来，汽车营销患上了"赞助综合症"。在视觉经济的助推下，汽车赞助的影子几乎无处不在，这也往往导致了汽车赞助的迷失。

VOL.3
论汽车赞助

市场人士分析，汽车企业的赞助活动其实对销售的促进作用并不是很大，也不会立竿见影。而跟进的所有报道也几乎都是自吹自擂，或是自娱自乐，其积极意义有限。"短期赞助是营销噱头，长期赞助才是做品牌。"而当前汽车企业的赞助中普遍存在的问题是，充斥着急于求成的投机心理，不是为了提升品牌的建设和溢价能力，而是一味地追求营销造势或大肆渲染进行包装，缺乏价值理念的输出，品牌定位不够清晰，显得空洞苍白，甚至让人迷惑费解。

近年来，汽车营销患上了"赞助综合症"。在视觉经济的助推下，汽车赞助的影子几乎无处不在，这也往往导致了汽车赞助的迷失。最典型的例子就是在赞助电视台的选秀或走红的娱乐节目上呈现的扎堆现象。比如，雪佛兰科鲁兹赞助"中国好声音"、福特翼虎赞助"中国梦之声"、菲亚特菲翔赞助"中国最强音"等。说实话,如果不仔细辨别上述节目,还会产生错觉,以为都在赞助相同的节目。

其实,"赞助思维"由来已久,并非只是在当下流行,业界也将这种思维看作汽车营销惯用的手段。从大小不一的财经论坛,到不同级别的体育赛事、各种文娱节目,甚至包括公益领域等,汽车厂商的赞助活动涉及各个方面,并常常成为最夺人眼球的活动之一。但事实上,在这些活动中给人留下深刻印象的并不多,倒是跟风攀比、投机取巧的不少,有的甚至弄巧成拙。以电影为例,国人最初了解电影植入的概念是从宝马在电影《007》中"扮演"的角色,奥迪在《我·机器人》中的"汽车科幻"开始。其专门为电影设计和制作的汽车道具也成为了谈资,其受追捧程度甚至超过了剧情。同时,这种电影植入也很好地揭示了品牌的核心价值以及品牌特点。在德国,甚至有不少车迷会专门去宝马博物馆观看陈列着的007特制道具车。奥迪也一样,为满足中国车迷的好奇心,专门从德国运来在电影《我·机器人》中显示出神奇力量的道具车放在电影院门口,供人观看。这种效果要比广告强得多,令人印象更加深刻,有助于加强对品牌的认同。

可以看到,上述这种在电影中的品牌植入并没有让人反感或者产生其他的负面影响,然而如今不少影视剧中的品牌植入却让人生厌,哪怕篇幅不多也会遭人诟病。比如,同样是反映007题材的电影《皇家赌场》,整个剧情中出现的汽车都采用了福特旗下的品牌。再如,像"别摸我""开好车都是好人吗?"等台词的流行,对品牌的伤害都不轻,也令赞助商始料不及。甚至还有人说,从传播上来看,有时带"病毒"的传播关注度反而高,更容易一夜出名。而当影视一旦与汽车产业有染,就不可避免地会产生商业行为,且不管你多隐蔽,观众都会分辨出背后的猫腻。正如有观众所说,他们不反对品牌植入，关键你要有个度，还得与剧情相吻合，如果超越底线，无论是影片的可看性，还是艺术性都难免会打折扣。比如，某影视剧为突出某汽车品牌就不断地出现其品牌的LOGO，有的还会把系列车型都植入进去，这就越界了，有违节目制作和作品创作的8:2原则。

不仅影视圈是这样，其他领域也是这样。比如，为树立公务商务车形象而赞助的各种国际性的政经活动，不少豪车品牌削尖脑袋挤进去，要的就是"官方指定嘉宾接待车"的名分和官方的认同。1999年，世界财富论坛在上海召开，别克成了官方指定的贵宾接待用车。当时大家还没有意识到这是品牌形象的展示。现在不同了，凡是高端会议和论坛等都被当作品牌营销的"机会"，谁都不愿错过，而且还极具地域性特点。比如，中非北京论坛，北京奔驰就顺理成章地成为官方指定的贵宾接待用车。同样，2013年世界财富论坛在成都召开，沃尔沃就成了会议指定用车。值得一提的是，中华轿车曾是赞助博鳌论坛较早的汽车品牌之一。记得有人还撰文赞赏主办方对自主品牌扶持的义举。但现在博鳌论坛却成了合资品牌争相赞助的角力场，成了变相的品牌展示会。而如今每当某品牌打出连续多年赞助博鳌论坛的新闻时，都具有很强的广告意味。来到现场，还会看到类似于品牌路演，一般从会场到嘉宾住地都能看到样车展示。

近年来，汽车赞助电视选秀节目很火。汽车厂商以赞助的名义展开营销，竞相比拼。有的甚至不顾品牌内涵、市场定位，出发点就是为了博人眼球，追求曝光度，看谁的"力气大"、"声音响"，却很难将品牌定位和赞助节目的内容联系到一起，而且还没有延续性。如某豪车品牌仅赞助了一场《中国达人秀》就没有了下文，而前期的炒作却花了不少钱，整台节目就是为某品牌量身定制，违背了8:2原则。尤其是跟风和同质化的赞助更是占了很大的比例。

《爸爸去哪儿》韩版制作人金学熙说,"让艺人听话的最好办法就是钱,在中国制作节目更需要钱。"同样,在中国做汽车营销也是这样,看谁砸的钱多,谁就牛,比的不是创意和内涵,讲的也不是理念和文化,而是一种肤浅和短期效应的思维,缺乏常态性的有效支撑。

市场人士分析,这些赞助活动其实对销售的促进作用并不是很大,也不会立竿见影。而跟进的所谓报道也都几乎是自吹自擂,或是自娱自乐,其积极意义有限,并指出,"短期赞助是营销噱头,长期赞助才是做品牌。"而最近蹿红的《爸爸去哪儿》亲子节目,作为赞助商的英菲尼迪就称,此赞助节目播出后迅速促进了销量的提升。是多少?回答却很含糊。而媒体则从提供车辆没有带儿童座椅,从而对车企忽视儿童安全提出了质疑,并闹得满城风雨,包括对赞助过程的议论等。这就暴露出当前汽车赞助中普遍存在的急于求成的投机心理,不是为了品牌建设和议价能力的提升,而是作为营销的造势或包装进行大肆渲染,缺乏价值理念的输出,品牌定位不够清晰,显得空洞苍白,甚至让人迷惑费解。

(首发《名车志Daily》| 2014-02-21)

从"公民建筑"想到"国民车"

颜说：就现在中国的汽车制造技术和工业基础而言，要造出具有世界一流水平的汽车其实并不难，难就难在我们要表达怎样的文化和思想。扪心自问，我们有造车的理念吗？"历史不仅是站在现在看过去，还要站在明天看现在。"我想，这应该成为中国汽车业的一种自觉，从"公民建筑"的理念中找到自己的定位，也许还来得及，否则，就走远了。

VOL.4
论国民车

冯纪忠去世时，有人说，"中国建筑的一个时代结束了"。他留给人们最深的印象恐怕就是他毕生追求的理念"公民建筑"。他说，"所有的建筑都是公民建筑。特别是我们这个时代，公民建筑才是真正的建筑。其他的建筑如果不是为公民服务，不能体现公民的利益，它就不是真正的建筑。"

这是一个被称为"北有梁思成，南有冯纪忠"的大师级人物，直到晚年，甚至去世之后才被人们所认识，故有人哀叹道，"被我们中国人认识得太迟了！"我想，就凭"公民建筑"的思想和理念，冯纪忠就值得人们敬仰，况且他对这一理念的付出与实践难道不值得今人之思考，有警策之语的震撼？他强调，这个理念他已经坚持了几十年，甚至一辈子都是遵从这个理念走过来的。因为，"这样的理念，能够使得中国建筑走向世界顶尖的水平。"

于是，这也就让人想到了"国民车"。

翻阅当今世界汽车巨头的发家史，几乎都与国民车有关。无论是福特的"T型车"，还是菲亚特的"小老鼠"，以及大众的"甲壳虫"，乃至丰田的"花冠"等，提供给我们对于汽车的认识，不仅是出行方式的改变，还有消费权利的平等和对个体的尊重等更深层次的意义。如果了解这些车型产生的背景，就不难发现，"服务于公民"的理念使得这些企业发迹，从小变大，由弱变强，就像一棵树苗从稚嫩长成了参天大树，蜚声世界。尽管它们的成长过程都难以复制，抑或都离不开历史背景，但有一点是共同的，这就是全都得益于"国民车"的情怀，获得了民众的支持和拥戴。由此，"公民建筑"与"国民车"在理念和出发点上其实同出一辙，并都拥有丰富的内涵与外延。可以说，这也是汽车发达国家的共同经验之所得。

在21世纪到来之际，全世界的汽车媒体在评选"世纪车"时，几乎不约而同地都把选票投给了"T型车"。尽管汽车发明于德国，但落地则在美国。如果细究起来，原因也很简单，汽车发明最初是给达官贵人享乐的玩具，并不是立足于平民的享用，倒是出生于美国乡下的亨利·福特颠覆了这个思维，把玩具变成了工具，开创了"家轿"的概念，为美国人的小康生活（房子+浴缸+T型车）提供了现实的蓝本，从而将一个国家架在了轮子上，由此改变了大国的格局。

这样的启发是划时代的。它不仅刺激了德国人发誓造出了1000马克的甲壳虫，几乎整个欧洲都竞相效仿，把发展私人小汽车当作了追赶现代化的目标，以至于后起的日本和韩国都顶礼膜拜，以欧美为师，将发展汽车工业当作振兴民族经济的国策加以实施。

2007年，菲亚特重新推出新500，不仅使意大利都灵为之彻夜狂欢，庆贺这一车型中断了几十年后被复活，整个意大利也将此车的复活当作"一个汽车帝国"的重新崛起。由此，引发了上至国家元首到各界社会名流的回忆和感言，下至普通百姓自发走向街头欢庆，将这款车的复活赋予了深刻的寓意和象征性的期待。就连欧美各国菲亚特500的车主都远道携老款车聚集都灵为之庆祝。这是为什么？这就是源自于公民的概念、国民的概念、大众的概念、一个人人都能分享文明和平等的概念，超越了纯粹物质性的产品，定格在了人类所共有的、精神文化层面的意象需求。

这是我所经历和目睹的场景。在意大利人的眼里，汽车没有贵贱之分，唯有个性和风格的不同。汽车是生活的一部分，而生活又将汽车变成了艺术的载体之一。就像被复活的甲壳虫一样，人们再次激活了历史的记忆，正如冯纪忠在设计上海松江方塔园时所阐述的思想那样，"与古为新"，一脉相承。

"方塔园的核心思想就是'与古为新'。'为'是'成为，而不是'为了'，为了新是不对的。它是很自然的。其实，意思也就是说，今的东西，可以和古的东西一起成为新的，这么一个意思就对了。"

冯纪忠的解释穿越了时空，打通了东西古今，将历史与现代同时并存，又融为一体，崭新呈现，寓意深远而厚重。由此联想到新甲壳虫与新500的复活，都没有跳出冯纪忠的《空间原理》，以及深邃的思想。所以，他说"公民建筑"的理念是能够使中国建筑走向世界顶尖水平这句话，是有足够的底气和思想支撑的。冯纪忠的设计作品足以问鼎世界建筑，就连他的大学同窗贝律铭都为之倾倒。

"今天再看方塔园，就会发现它不仅仅是中国的优秀建筑，而且是20世纪世界建筑史上的罕见杰作，为当代世界建筑发展提供了新的思路。"

然而,提到"国民车",也许谁都觉得提不起气来。当中国在走向世界汽车制造大国和最大的汽车市场及消费国时,遗憾的是,我们骄傲不起来,原因就是没有自己的"国民车",拿不出一款值得国人自豪的属于自己的、能够问鼎世界的"国民车"。这种遗憾以至于成为汽车大国的隐痛而常遭人诟病,在与世界汽车角逐中缺少了点自信和底气。就连一些以造廉价车起家的车企都鄙视低价车,发誓不再造"便宜车",要造豪华车和高价车。这就发人深省了。这难道是心智赶不上物质膨胀的缘故?还是被急功近利的追逐一叶障目?

其实,这样的雄心无济于事,难以改变低端品牌的形象,也一时摆脱不了低端车的认知。靠模仿和拿来或整合的设计都不是源自于自己的东西,即便是消化或二度创新,也都抵不上原创具有的生命力。况且,缺少思想和理念的设计,即便是过了"硬设计"的关,但没有"魂",只剩匠气,产生不了附加值。吴冠中说过,"脱离了具体画面的孤立的笔墨,其价值等于零"。这也许点出了我们设计不出"国民车"的原因?以为什么都可以买来,或通过商业运作就能得到,似乎过于简单而天真了。如果仔细分析国外的"国民车"就会发现,他们还是有共性值得借鉴的,那就是都带有"公民建筑"的特点,即以"服务于公民"为出发点,以大多数人买得起、用得起、消费得起并经得起审美,暗含普遍认同的价值内涵的产品。用现在的眼光看T型车,也许谈不上先进,但在20世纪初,则是美国最时尚和最先进的消费品;甲壳虫也是这样,刚问世时由于它外观太丑,发动机噪声太大,将"人民的车"贬为"甲壳虫"。同样,菲亚特500的演变源自于"小老鼠"等。总之,"国民车"都不是天生丽质,一蹴而就,而是源自于国民的愿望和期许的审美认同,经后天不断完善和改进,逐渐成熟起来的共识。但这些车型都被看作可收藏的历史。如法国雪铁龙的2CV就是炙手可热的藏品,还有老甲壳虫等。

于是,联想到有人评价冯纪忠方塔园时说,"何陋轩的形态是受了当地民居的启发,但它的曲线又恰恰是西方巴洛克式的,东方传统和西方古典完美地结合了起来。何陋轩虽然不大,但开启了新的空间概念,是和包豪斯典范、巴塞罗那世博会德国馆一样重要的建筑。"

其实,何陋轩并非用名贵石材建成,而是"因地制宜,运用最普通的材料如竹子、茅草等,搭建了茶室何陋轩,使它成为方塔园里最大气、美质而又与周边环境相谐相和的一个亭子。这画龙点睛的一笔,使已经成为仙境的方塔园'帝子乘风下翠微',又回归了人间。"

从这样的角度看"国民车",不就是一种文化和思想的表达?就现在中国的汽车制造技术和工业基础而言,要造出具有世界一流水平的汽车其实并不难,难就难在我们要表达什么样的文化和思想。扪心自问,我们有造车的理念吗?"历史不仅是站在现在看过去,还要站在明天看现在。"我想,这应该成为中国汽车业的一种自觉,从"公民建筑"的理念中找到自己的定位,也许还来得及,否则,就走远了。

(首发人民网 | 2011-12-31)

久石让能给雷克萨斯带来什么？

颜说：在我看来，这种"守住初心"的共性就是一种"态度"和"精神"，不会因外界因素变化而改变信念，既是卑微也不会自卑，不论做什么只要有情怀才会变得有意义，即便是物品和器物也会有生命，以此避免或化解大量复制的厄运。尤其是豪车的制造，如果没有人文关怀就会显得冰冷，而能体现"情感"的唯一手段就是工匠技艺。

VOL.5
论汽车匠心

我终于见到了久石让的真容。

2016年4月1日，在上海东方艺术中心观赏了由他指挥的一场音乐会。由于找不到停车位，错过了他登台的风采，倒是将几次曲目终了他向观众行90度鞠躬礼表示谢意的情形全部收入了眼底。

这是个小个子老头，没有小泽征尔迷人，却有着善解人意的和蔼，他在与五岛龙合作小提琴协奏曲《冬季花园》结束时，积极鼓动观众捧场，热情地把同台演奏员介绍给观众。他没有西方指挥家和作曲家的风度，却有着不一般的人气。我注意到，厅里坐满了年轻人，而且座无虚席。来时在门口有不少年轻人在等票。这让我大感意外。

原来久石让不只是我喜欢，年轻人也喜欢。一位媒体同仁从广州赶来，说他是久石让的粉丝。看来是我孤陋寡闻，已经与这个时脱节。本以为这是个很小众的音乐会，想不到却搅动了申城乐迷的蜂拥，一票难求。

雷克萨斯独家冠名久石让的音乐会，门口有巨幅久石让的电子荧屏介绍，在为雷克萨斯600站台。"大师亲临2016雷克萨斯大匠之夜"，从票封到票根，再到演奏大厅悬挂的横幅，随处可见，气氛浓烈。

然而，这是一场纯粹的音乐会，没有堂会的味道。在我的印象中，一般被汽车品牌冠名的音乐会大多成了车主和经销商的专场。中场和散场时，不见以往呼朋唤友式的插科打诨，多半是成双结对或结伴而来的年轻乐迷。感觉品位不低，没有白来。

有人说，久石让是因宫崎骏的动画片而出名的音乐家。其实不然，他的影响力早就走出国门。我相信在座的年轻人都是看着宫崎骏的动画片、伴随久石让的音乐长大的。今天的粉丝就是昨天的孩子。很显然，就目前动画片来说，日本动画片已经超越了美国的米老鼠时代，从"阿童木""一休"，到"天空之城"等，深刻地影响了今日的80后和90后。这种文化如同时尚潮流正成为一种软实力在左右着人们的价值取向，这已是不争的事实。而久石让此次来华巡演并没有做很多的宣传，却能产生不小的轰动，这就是不能不引起正视的现象。

那么，久石让带来的是什么音乐？节目单上显示，不是流行音乐，也不是奇葩的创新，而是纯音乐的演绎和对古典的致敬。从"冬季花园""无题"到"德奥夏克第八交响曲"，以及"哈尔的移动城堡"中的"人生旋转木马"等。在现场，这些曲目带来的欢快与优美的享受是通过旋律植入心田，尤其是当每个曲目终了时，久石让的微笑总是那样的温和，在全场全神贯注、屏住呼吸、聆听下个曲目时，他却从裤兜里掏出手帕轻轻擦拭额头和脸上的汗，那种沉稳与淡定，神态自如，气场撼人。无疑，他是今夜音乐殿堂里的"教皇"。

除了德奥夏克的曲子比较熟悉，今夜久石让指挥的其他曲子，我都不甚了解。但是，让我熟悉久石让的是他的一部叫《入殓师》的电影配乐。这是让我久听不厌的音乐，配合影片的画面，每次聆听总会心潮起伏，盈满泪水，忧伤的不止是人生跌宕，还有生命无常，以及谁都难以预料的不测。我想，久石让是感触到了这些，才会把一个简单的人生遭遇和命运转折通过低缓悠长的旋律将对生命的尊重诠释到了极致，同时回答了人活着必须有的尊严，将向死而生的过程变成不再是可怕的叙述。此番表达，已不再是音乐，而是每个人都可以心语的启智，不在乎世俗的偏见而能保持自尊的一种定力。

故有人问久石让，是什么触动你为电影配乐？他说，"我只为能打动我的电影配乐。"

久石让这句话，让我记住了他。

"入殓师"在中国人的世俗眼光里是个犯忌讳的职业，过去叫"收尸的"，现在叫"殡葬工"。但在电影里则成了一门手艺，而且是受人尊敬的职业。音乐画面里的石头与鸡蛋、大提琴与逝者、田野里孤独的演奏与腾空飞舞的朱鹮，拉琴的手与殓验的手，在每个音符里都注满了忧伤与怜悯，同时又在整个旋律里倾注了高尚与圣洁。我想，这已是超越了生死，这是在进行一场人生告别的仪式，如同降生一样，既是上苍的赐予，也是大地的回归。如此深沉的音乐，岂能不穿透人心，击倒奥斯卡？

如果说是《入殓师》这部影片打动了我，不如说是久石让的音乐感动了我。尤其是那双拉大提琴的漂亮之手在转化为帮逝者殓验时所呈现的娴熟手势时，同样有着神奇的美感，抵达了艺术的意境。在音乐的烘托下，完成了一双手的角色转化，被赋予了人生的态度，并在命运不济中找到了新的平衡，守住了初心。

在我看来，这种"守住初心"的共性就是一种"态度"和"精神"，不会因外界因素变化而改变信念，即使是卑微也不会自卑，不论做什么，只要有情怀就会变得有意义，即便是物品和器物，也会有生命，以此避免或化解大量复制的厄运。豪车的制造，如果没有人文关怀就会显得冰冷，而能体现"情感"的唯一手段就是工匠技艺。

雷克萨斯终于开窍，悟到了从说到做的路径。今天，借助久石让"站台"只是迈出的第一步，今后也许会有更多的久石让式的人物和艺术导入，以此引发共鸣。问题是，光有名人的光环还不够，最终还是要物化为一种文化，一种触手可及的存在。事实上，如果没有《让子弹飞》的那首"太阳照常升起"主题曲，久石让也许不会这么快地被大家所熟知，就像乔治亚罗，如果没有中华轿车的设计，又有多少人知道这位意大利的汽车设计师？

久石让给雷克萨斯带来了从未有过的"温情"，激活了这台行走机器的意象，而不是硬凑"大匠"的生僻，却是用大师的灵巧之手指挥出一曲和谐共生的"交响"。

（首发微信公众号"汽车有智慧"｜2016-04-01）

豪车如何讲好"文化"故事?

颜说:豪车除了会讲好故事,关键还是要看支撑故事的内容是否打动人,输出的是怎样的文化。

VOL.6
论豪车文化

凯迪拉克将ATS-L的上市秀选在了上海"一滴水码头"。与以往的豪车在此上市有所不同的是,ATS-L这场秀所传递的并非是单纯的产品信息,还有对于未来豪车市场的期待与诉求。所以,同行关注的不只是车,还有凯迪拉克将如何出牌。

上海是豪车的必争之地。"一滴水码头"这个在外滩区域拥有独特地理位置、能把陆家嘴与外滩和黄浦江景色尽收眼底的开阔地,不知从什么时候起成了豪车品牌来此做活动的不二选择,成了汽车品牌竞争的角斗场。德系三大豪车(ABB)都不止一次"眷顾"此地,上演过气势不凡的新车发布和品牌活动,也有不少其他新车在这里留下过倩影。于是,有关"一滴水"与汽车的故事在此轮番上演,变成了近年来引人关注的高台,堪比擂台,又像是舞台,但最大的功能,还是把此当作了品牌传播的制高点。

凯迪拉克的介入,让这个国际邮轮码头的豪车竞争硝烟更为浓烈。

之前，有"上海籍"之称的凯迪拉克却因没上心而缺席"一滴水码头"，倒是"外地籍"的豪车品牌纷纷来沪抢滩。如今，这种围城现象终于被打破，好戏开锣。

长期以来，"一滴水码头"一直是以德系豪车为主的"表演"舞台。不仅如此，还有暗战在其背后不断上演。如果留心，不难发现上海一些时尚地标都留有德系豪车的埋伏与之相呼应。比如，上海世博园区的"奔驰文化中心""宝马体验中心"，嘉定汽车城的"奥迪上海国际赛车场"等，都以冠名和战略合作的名义进行圈地。这种潜移默化的行动早在上海世博会召开之前就已经打响。这几年德系豪车的迅速攀升也与其战略营销分不开。宝马原中国总裁史登科说过，上海是做品牌最好的平台。其实，这不仅是史登科的个人见解，也是同行们的共识。比如，每逢F1在上海开赛时，包括上海车展在内，豪车品牌就会扎堆，上演一系列的"文化活动"，有人比作"豪门盛宴"，会借机推出新车，大宴宾客（经销商和重要客户），请来演艺界的中外明星和社会名流捧场造势，提升品牌价值。

上海文化是个码头文化。现在习惯叫它"海派文化"。过去在梨园行里有一种说法，如果要出名，不到上海的码头闯一下就很难成名。同样，20世纪80年代一批走红的作家，不少都是在上海出的名。莫言说过，他的主要作品都是在上海出版的。无独有偶，在业界也有类似的说法，"打市场上广东，想造势到北京，做品牌去上海。"其实这是规律。

有人把此次凯迪拉克借助ATS-L首登"一滴水码头"看作凯迪拉克主场意识的回归，同时在高调传播之外，凯迪拉克开始把视线转向了与本地文化资源的对接，"对凯迪拉克这个品牌来说，也只有在上海这座城市解读它较为合适。"也有人觉得凯迪拉克在中国做品牌兜了一圈之后还是回到原点（上海），是因为上海有比较优势。就像凯迪拉克赞助上海国际电影节那样，给外界的感觉是件很自然的事，不仅有文化的契合，还有艺术的相通。虽然厂家的真实意图很难猜测，但客观上，这为凯迪拉克国产做了铺垫和造势。

另外，豪车都在加长，打出"L"做文章，以迎合中国消费文化的需求。无论是奥迪A4，还是宝马3系，以及将要上市的奔驰C级加长版等，都在加长的"L"上寻找卖点。在这种同质化思维下，精彩的看点不是加长，而是看谁的巧妙不同。这就不能不让人想到，曾经一度风靡的凡是国产两厢轿车都要加"尾巴"的故事。从夏利到富康再到波罗等，呈现在人们视线里就是一种"硬凑"之作。豪车加长有显性的也有隐性的，尽管有争议或诟病，但凡豪车加长，就会贴上本土化的标签。这种文化被看作"后排"竞争的"L"现象，已成为中国式豪车的特色。

ATS-L玩的是哪一出？首先在产品设计上把加长藏起来，以符合原创的审美，在外形上看不出来，但进入车厢内就会感到后排宽敞，做到既有面子又有里子的平衡；其次，在产品性能上不比竞品逊色，满足年轻消费者的消费需求，在操控和精致上赋予现代感，个性更运动化；再次，在传播上"去好莱坞化"，导入本土文化，诠释风尚的文化内涵与支撑点。

毫无疑问，作为迟到者，要想后来居上必须要有独门绝技才行，对凯迪拉克来说，首先就是国产，战场就在家门口；其次就要看讲故事的本领。

在见多识广的媒体看来，ATS-L的上市活动，就是讲故事的"故事会"，确切地说是会讲故事的"L"。为什么这样讲？以往的豪车加长版上市活动还仅停留在性能和功能上的直观介绍，或对加长后的技术释疑解惑，很少与生活者深度沟通。此次ATS-L摒弃了明星走台的套路，甚至回避了美国文化，以励志的方式把产品性能融入其中通过影像植入视觉产生共鸣。比如，以京剧裘派传人柔软的肢体语言与女赛车手飘移的"舞姿"替代过去惯常"力量型"的视觉冲击，并以优雅委婉的细腻将人与车合二为一，融入外滩的夜景里，很有现代性的感觉，要远胜于明星登场作秀的俗套。值得一提的是，在外滩夜景的衬托下，ATS-L本地化策略也呼之欲出。

然而，豪车除了会讲好故事，关键还是要看支撑故事的内容是否打动人，输出的是怎样的文化？屏幕时代下的豪车竞争思维，不改变不行。

(首发《第一财经日报》| 2014-08-21)

那些植入影视剧的汽车品牌

颜说：当下某些本土汽车在影视剧中的植入，在驾驭上还很生涩，缺乏对受众研究和诉求的对接。

VOL.7
论品牌赞助

利用影视植入的手段来提升品牌的知名度或营销，现如今已不是件新鲜事。如宝马i8和i3上市前，就讲了一个"车轮上的电影故事"，即从孩子的童车到上学的自行车，再到成年后结婚乔迁的载货汽车，进而有了私家车，再换上宝马车等。这一路走来，勾勒出中国人三十余年的出行方式，以及对应的时代变迁，用怀旧的方式回顾了中国人的车轮生活，对汽车的认知和消费的历史，试图在此基础上预知未来。

如果留心，近年来的品牌植入已然成风，业已成为营销的常规手段，甚至在相互攀比上热情高涨。最典型的要数传祺和长城两个品牌争相与好莱坞合作，在《变形金刚4》《敢死队3》中植入了各自的产品。其实这本无可厚非，但因准备不足、文化差异，还是引发不少议论。乍一看，利用娱乐资源，中国车企也开始尝试"美式营销"，高举高打，气势不凡。但如果静下心来想一下，好莱坞与我们的生活有关吗？再想一下，美剧的科幻色彩和铁血硬汉往往带有暴力和血腥味，这与我们的品牌诉求能接轨吗？这就像几年前自主品牌汽车在车展上盛行请洋模特站台一样，并没有给品牌加分，反而因不对位，出尽洋相。文化差异和不对接，使不少影视作品中的品牌植入是风马牛不相及，生拉硬扯，缺乏内在逻辑关系，除了烧钱赚吆喝，实际价值并不大。有时还弄巧成拙，闹出笑话。问题是，谁都清楚，但为何还趋之若鹜？

其实，好莱坞已经过气，有艺术水准的电影并不多，玩的都是电影科技，炫耀的是暴力和征服的手段，属于"科技武侠片"，真正震撼人心的作品几乎很少，充斥银幕的不是警匪就是科幻或铁血的商业片。就连一向善于用好莱坞影星营销的上海通用也很谨慎，避免落入俗套，而是有选择地植入。

比如，雪佛兰新赛欧植入电视剧《乡村爱情》，有人问相关人员，"雪佛兰是个洋品牌，怎么会看上这样的电视剧？"解释是，品牌植入要看与产品的定位是否一致。不难理解，被植入的这款车是"全民理想家轿"，起售价5万元不到，一面世就受到普通消费者的欢迎。此车出现在《乡村爱情》里不但接地气，而且有新意，富有时代气息。此案例说明，像上海通用这样的合资企业在品牌植入上首先考虑的还是产品定位和消费诉求，要有感性的认可。

日前，中国台湾电影《痞子英雄2》上映。其中纳智捷SUV优6被大量植入并没有引起多大的反感，倒是与剧情和角色有很大的关联，并出色地在影片中反映了这款车的机敏(紧凑)、帅气(设计)、驾控(性能)、速度(动力)等诉求，一气呵成，不觉生硬。在与主创人员交流中得知，他们对纳智捷品牌有很深的了解，在《痞子英雄1》就已经牵手，积累了演绎的经验(出镜的是纳智捷大7)，而今在《痞子英雄2》中已熟能生巧，将优6演绎得出神入化。

取得这样的效果，与厂商和制片商的深度合作有关，同时也表明在品牌和产品的植入上,他们都是内行,做了不少功课。这说明在影视作品中进行品牌植入方面,中国台湾同行的理念和眼界独到,手段相当娴熟。正如内行人所说,植入《痞子英雄2》中的纳智捷优6已经不是可有可无的"角色",而是融为整个剧情中的扣子,是缺一不可的细节。汽车厂商认为,汽车产品植入电影会使产品更具张力,强化对产品的印象。事实证明,此招确实在营销上有帮助,纳智捷优6上市3个月,斩获25000张订单,卖出10000辆车。而昂克拉在《变形金刚4》一露脸就产生了不俗的市场效应,月销量超过6000辆。其原因就是影片为产品做了最好的背书,文化属性一致,不觉突兀。

同样,2011年,由科鲁兹植入的《11度青春》系列电影,把品牌植入直接带入了现实生活,强化的已不再是对品牌定位,而是与众多社会话题和敏感问题捆绑在一起,引起人们的热议,由此在影视界刮起一股"实验电影"的旋风,吸引众多实力派影视人员参与,成为当年热闹的"文化事件",从而使之淡化了商业植入,变成了对中国青年导演创作水平的一次检验。正如介绍那样,通过浪漫、奇幻、悬疑、穿越、爱情、友情、人生、欢喜、愤怒、悲壮等故事,把每一部影片的创作放入了"都因你而起,为你而来"的生活场景里,制造出一场没有观众的盛大电影(网络播出),针对的是,"因为每个人,都是真正的主角。"其中《老男孩》《拳击手的秘密》等,一经上网,就获得几千万的点击率,风靡网络,带动了网络影视原创的兴起。

对于这样的植入,汽车厂商与制片方和发行商的全面合作,最终形成了多赢的局面。对汽车厂商而言,固化了科鲁兹面向年轻人的产品定位;对中影集团来说,提供了影视人员比武平台的商业赞助,对优酷网则是找到了吸引年轻网民的出口,提高了点击率。而这些都是以很好的立意为基础进行文化包装与市场对接之下的商业运作，不仅获得了良好的社会效应，还提升了各自的品牌影响力。

反观当下某些本土汽车在影视剧中的植入，没有照顾到剧情和人物的融合，尤其是在进军"好莱坞营销"时，无论是植入还是借势，很难找到令人回味的地方，除了显示有钱、有气派、能博人眼球，显然在文化驾驭上还很生涩，缺乏对受众的研究和诉求的对接。

然而，近年来汽车品牌植入不仅是影视作品，还有甚嚣尘上的电视节目等，尤其是近年来炙手可热的娱乐节目，乱象丛生，同质化严重，大家都瞄准收视率，甚至出现了"掐架"的闹剧，在一个碗里抢豆子的现象，就是没有从品牌、文化、受众、社会、责任等方面换位思考，以为吸引眼球就有效果，即便博出位也不在意，忘记了汽车是物化的文化，同样有价值输出的功能。比如，某车型植入了娱乐节目，把游山玩水当作了价值取向，看似也在体现产品性能但对品牌的塑造并没有积极意义，有的甚至忘了为孩子提供儿童座椅等，就像刘德华在《天下无贼》中说的"你以为开宝马的都是好人？"不对位的传播导向带来的影视植入大战，近年来是愈演愈烈，汽车营销走向观念迷失，甚至已经波及企业的社会责任和文化意识的考量，看来已到了刻不容缓喊停的时候了。

(首发《第一财经日报》| 2014-10-09)

电影植入是捆绑式广告？

颜说：汽车影视植入是现在和今后汽车营销与传播不可或缺的重要平台。它是现实的需求，也是巨大的市场存在，更是一种文化形态和影响力的制高点。在汽车进入营销时代的今天，这不能不说是个必须直面的挑战：与其被动接受，还不如主动出击。

VOL.8

论品牌植入

提起汽车电影植入，人们很自然地就会想到007系列电影、好莱坞大片，以及科幻电影等。如果去宝马汽车博物馆或好莱坞影城，你就会看到一系列出名的汽车与著名电影人物一样，受到人们的青睐和好奇。厂商也因此会拿来不厌其烦地传播，有的甚至成为品牌文化不可或缺的重要资源。

比如，提到詹姆斯·邦德，就会想到宝马。再如，提到奥迪就会想到《我·机器人》中的奥迪概念车RSQ等。这里，人和车的关系几乎融为一体，难分彼此。以前并不以为这是"植入"的概念，而是剧情的需要，或是故事本身。比如，最受孩子喜欢的《变形金刚》里的"大黄蜂"，汽车神奇地成了主角和明星。根据观众的喜好、心理需求，电影商人还专门把"大黄蜂"做成玩具出售，厂家还拿来做成仿真模型为产品代言,出现在车展和路演的商业活动上。最典型的案例就是上汽通用把"大黄蜂"的电影形象搬到上海车展上为雪佛兰站台,屡试不爽,效果极好,还制作了玩具当礼品,给人印象深刻。

汽车在电影中植入当作一门生意最早(20世纪20年代)是美国人的发明。通过强力的视觉冲击和故事演绎,以及感性的细节和动作,人们记住的不仅是电影中的人物,还有出镜的汽车,有的本身就是主角。这对于汽车品牌的解读和认识起到了感性而生动的辅助介绍。尽管先前以为这是道具,后来意识到这是可以与剧情和人物捆绑在一起的广告。

2005年,葛优为南京依维柯都灵V代言时,我采访过他。他对我说,"想不到在《没完没了》中演过一个司机就给厂家留下很深印象,好多年过去了,他们还记得,现在还受聘为产品代言,这真叫是缘分。"而厂家说,正因为葛优出色的演技为依维柯做了很好的广告。所以,为都灵V广告代言首选的是葛优就自然再好不过。

无独有偶,在第六代宝马7系上市发布会上,出演《007》电影詹姆斯·邦德的皮尔斯·布鲁斯南也来到了现场,将荧幕上那位驾驶"神车"(宝马)的硬汉与现实中的"大活人"联系在一起,使得宝马形象更加立体,拉近了与品牌的距离。当布鲁斯南用智能钥匙遥控全新宝马7系自动驾驶进入车库时,他回忆当年他演的《007》电影中的宝马还没有这项高科技功能。

现在大家对宝马i8并不陌生了。这主要是在京沪车展上早就看到过它的概念车了,而今在上海街头已经有真车在跑。但人们最初把它当作神车时,它还是在电影《碟中谍4》里的超跑。在2015年10月24日,宝马新7系的上市发布会上,再次播放这款神车的神勇和极速,已不再神秘,因为在现场展示的就有实车,而且2014年已经在北京上市。

记得《我·机器人》这部电影上映时，奥迪还把实车RSQ概念车空运到上海参加隆重的首映式，引起轰动。有不少观众就是冲着这款车来看这部好莱坞科幻巨片的。这对于奥迪品牌来说，就是最好的广告。对于观众来说，提到《我·机器人》就会想到奥迪RSQ这部车。同样，后来在电影《钢铁侠》中，奥迪又植入了代表高科技的三款车型亦赚取不少眼球。

"这些出现在电影中的车型，一般都是特制的概念车或改装车。"我曾参观过奔驰、宝马、奥迪的博物馆，每当看到这些汽车明星时，都会被当作故事来介绍，加上它的可视性，不少人不免是受其电影的影响到博物馆里去寻找，同样具有明星效应。据相关人士介绍，这些车并非改装就行，也是需要研发，赋予它的超高性能和科技含量。当然，投入也很大，厂家把这种植入方式当作了实力体现、营销手段、重要的传播渠道。

2015年初，广汽传祺GA5植入好莱坞大片《变形金刚4》，一夜成名，产生了不俗的传播效果，当作了新闻在炒作。故有人说，这是"走进好莱坞的中国第一车"。厂家也尝到了甜头。尽管厂家不愿透露植入的详情背景，但他们意识到，借助电影受众提升品牌影响力，效果明显，而且容易被人记住，知名度暴增。就像上汽通用擅长运用好莱坞资源为其产品营销一样，有出人意料的功效，从《黑客帝国》到《变形金刚》都有通用品牌的助阵。除了广汽传祺，长城也紧跟其后，将哈弗H8植入电影《敢死队3》。

相比之下，国产影片的汽车植入，有点生硬或无厘头，并没有完全融入剧情和人物的性格表达上，还处在"道具"层面，游离于影片之外，尚未意识到"角色"打造，限于露脸和出境的满足，并没有意识到对品牌打造和文化调性上的植入，介入故事和人物情节的深度不够。

作为传播手段，汽车电影植入向来是人们喜闻乐见的形式，关注度高，影响力大。与以往不同，现在对电影出镜的所有商品和摆设，或穿戴和服饰，乃至衣食住行等方方面面，大家都会警惕，深怕被广告"猎杀"，几乎个个都练就了火眼金睛，过目就能识别，而且特别敏锐，有本能的反应。这种捆绑效应往往与影片一荣俱荣，一损俱损，带有押宝的赌徒心理。现如今，以影视植入方式替代广告传播的思维已经被汽车厂商普遍接受，手段和技巧也越来越娴熟，而观众心里也越来越明白，这就要求植入的水平越来越高。

随着汽车社会化的到来，反映生活的影视艺术也缺少不了汽车的植入，就像娱乐性选秀和竞技类节目被汽车赞助垄断所产生的同质化现象难以避免一样，这就要求汽车厂商把握这一现实的机遇和挑战，需要准备和应对。选择和拍板是容易的，但甄别和精准地反映品牌调性的精神内核并不简单，尤其是传播方式遭遇新媒体冲击，有多种途径可选的背景下，汽车影视植入毕竟属于传统套路，要玩出新意打动人，产生口头传播效应，显然需要内功、财力和智慧。干得好，四两拨千斤，交口赞誉；干得不好，烧钱挨骂，还要被人说事，里外不讨好。

值得关注的是，由中国台湾艺人与东风裕隆联手推出的《痞子英雄1》和《痞子英雄2》，就是为纳智捷7座SUV和优6SUV量身定做的电影，是好莱坞商业大片模式的翻版。这改变了以往被动植入的僵硬，按照自己的想法通过影视手段全面展示产品的性能和特性，又不损害故事的完整性和戏剧性，达到了广告所起不到的效果，好看而又刺激。有些汽车性能镜头就像功夫片里的武打动作经过精心设计一样，既看不出破绽，也有一定的审美。满足剧情需要、符合观众口味、达到厂家目的，一举三得，互利共赢，皆大欢喜。

汽车影视植入是现在和今后汽车营销和传播不可或缺的重要方式。它是现实的需求，也是巨大的市场存在，更是一种文化形态和影响力的制高点。在汽车进入营销时代的今天，这不能不说是个必须直面的挑战：与其被动接受，还不如主动出击。现在看来，影视作品才是汽车传播不可或缺的平台，而你能否驾驭才是关键。

（首发微信公众号"汽车有智慧" | 2015-11-09）

大众与丰田:"王牌"与"王牌"的对决

颜说:这是站在缅怀过去与开创未来十字路口的两家公司。它们代表着两种文化和风格的汽车企业。

VOL.9

论大众与丰田

2014年5月,中国汽车市场发展又到了一个新的节点。与以往的市场变化不同,这是一个牵一发动全身的节点,而且带有格局性的大变化。5月18日,新明锐上市,大众在中国A级车市场打出了一张颇具杀伤力的"王牌"。两天后,雷凌价格公布,丰田在中国A级车市场扔了一张更有来头的"王牌"。市场的竞争态势已由"群殴"(德美日韩车系混战)升级为"单挑"(捉对厮杀),并开始刺刀见红。

大众与丰田几乎是在同一时间发起了对中级车市场的争夺。彼此都把这一争夺看作战略性的竞争或者说是"王牌"与"王牌"的对决。那么,这场对决虽是意料之中,但为何同时选择在5月?背后又在上演着什么?

南北对南北

大众与丰田在中国迟早会狭路相逢。尽管在以往的车系群殴中并没有正面交锋,但是而今随着产品的接近和战略的趋同,以及思维的同质,交锋已经无可避免。比如,大众的"南方战略",丰田的"云动计划",尽管这是隔空宣战,玩的都是战略,但是彼此都是以做大市场的思维在布局中国,暗自角力,心照不宣,私下里都在做准备。如今,正面交锋开始浮出水面,且充满火药味。

进入21世纪第一个十年,通用率先出局。2009年美国通用公司终于不敌日系车宣告败北申请破产。随后不久,丰田在美国发生"刹车门"事件被大批召回,波及全球,受到重创。即便如此,丰田依然连续几年蝉联世界汽车老大位置,保持至今,被大众视为赶超的劲敌。

在中国,大众先行一步,抢得先机,不仅在计划经济中分享到了政策的红利,占据南北两个合资车企的地盘,还在市场经济中最先尝到甜头,左右逢源。丰田不一样,属于后来者,足足晚了近15年。但丰田同样复制了大众在中国的思路,拥有南北两个丰田的合资车企,除了规模和销量目前相差悬殊,在未来发展战略上未必逊色,甚至更胜一筹。原因不外乎,一个代表传统汽车的集大成者,正在走向巅峰,一个则代表新型汽车(混合动力)的王者,正在充当汽车转型的急先锋。

实践表明,大众与丰田以不同的企业理念和产品表现及营销方式所构成的竞争形态最终都以产品和技术在市场上过招,包括服务和文化在内。很显然,大众的优势也已形成消费思维定式,丰田也是如此,在服务和市场细分上赢得不俗口碑。由此形成两大"南北对决"(南北大众、南北丰田)的局面,注定会在市场上刀对刀、枪对枪地展开全方位的肉搏。双方都意识到,"得中国者得天下",用1999年上海财富论坛的观点来说,"不在中国成功,就在世界败北。"

由此,今年北京车展,南北丰田推出两款车型(卡罗拉和雷凌)发力A级车市场,引发全新明锐重装上阵,开始叫板。

平台对平台

以超越豪车上市规格打造的新明锐上市仪式,重点强调了MQB平台,这些信息同时也出现在广告和样本说明书上,如"全新MQB平台成就A+新巅峰!"、"A+,是巅峰之上的再突破!"。对于大众而言,这是提升斯柯达在中国销量打出的一张王牌,也是复制奥迪成功的关键一役。

斯柯达董事会主席范安德说,中国已经成为斯柯达在全球发展战略中的重要支柱。他曾经是大众中国的总裁,了解中国汽车产业和市场,"大众南方战略"就是由他制定和发布的。因此,由这位中国通主政斯柯达公司并对新明锐定位,他心里非常清楚这款车的分量和使命。他说得很透彻,新明锐不仅是大众的王牌,也是斯柯达的战略车。

而雷凌在广州更是上演了以感性基调为主的价格发布会。场面之大、规格之高,也是出乎意料,超越了以往的阵势。一款A级车从发布到车展亮相,再到价格发布,层层铺垫,卖尽关子,逐一揭晓,高调出击,声势夺人。这在以往的丰田车系中还从没有过,动静之大,就连雷克萨斯上市也不曾有过。

广汽丰田强调了雷凌是在丰田最新MC平台打造的。据介绍,MC平台与雷克萨斯NX是同一个平台。上海大众说,全新MQB平台与奥迪A3是同一个平台。据此,新明锐与雷凌都有豪车平台作支撑,出身不凡,彼此都底气十足。

文化对文化

在今年北京车展上，新明锐霸气逼人。先是在"大众之夜"率先出场，突出在中级车市场中的王牌地位，后是以单独品牌占据整个上海大众展台，表明将是主角身份。纵观新明锐从造势到上市整个过程都延续了大众工程师文化的衣钵，流淌着大众的基因，无论是平台技术，还是外形设计等，无不在强调产品主义的主张。就产品而言，这是关系到2018年斯柯达在中国实现年销量50万辆的重量级明星车型。

从血统上来讲，它也是大众承上启下的产品，尽管是以斯柯达的名义。业内人士分析，随着新桑塔纳的下沉、新明锐规格的上升，它将会替代原桑塔纳的角色，大众在试图将此车型打造成一款标志性的代表车型。

面对大众的紧逼，丰田意识到如果再不出击就会出局，市场的话语权就会减弱和丧失。目前丰田在中国的年销量不到丰田的二分之一，这一业绩不仅与丰田世界车企老大地位不相称，就连经销商也不会答应。选择竞争最激烈的A级车市场寻找突破，既代表丰田的整体实力，也符合丰田的全球战略主张，同时也瞄准了中国市场的真实需求。

丰田下决心拿出迄今为止在世界畅销4000万辆的王牌（雷凌和卡罗拉），以两种不同的风格形成合力出击中级车市场，重演帕萨特和迈腾在B级车市场的老调，以其人之道，还治其人之身。所不同的是，此次丰田打出了"我是丰田，步步向前"的年轻牌，结合国际化的时尚潮流瞄准了新生代的消费市场。

众所周知，雷凌是美版卡罗拉，一汽丰田推出的新卡罗拉是欧版。前者曾是丰田引以为自豪的"明星"，以闪电标风靡美国，深受年轻人青睐,后者也曾长驱直入欧洲,被视为"劲敌"。

雷凌的目标是进入"第一阵营",新明锐的口号是"锐变从今天开始"。在价格定位上也是如此,新明锐要比雷凌高,但在表达方式上却截然不同,一刚一柔,呈现出不同的营销风格。谁都清楚,代表两种文化的比较和竞争都无可避免地会在上海大众和广汽丰田中展开。这意味着什么?

这是站在缅怀过去与开创未来十字路口的两家公司。它们代表着两种文化和经济体系的汽车企业。现在它们逐鹿中国市场,同样面临凯勒所说的情形:我们即将看到的对撞,不是发生在竞争对手之间,而是现在与未来的决战。这就是说,对决,就看谁手里的牌有多少,而且要握有好牌才能淡定笑看明天。

那么,它们的手里究竟还有什么牌没打或隐藏着怎样的牌?这才是对决的关键。不论怎么看,谁也绕不开这两种结局:能够在骤变的潮流中幸存,或被时代所淘汰。这些操舟掌舵的决策者是否明智且有远见,抑或他们将重蹈历史的覆辙?

(首发《第一财经日报》|2014-05-29)

从"Das Auto"想到"在人家的花园里"

颜说：我以为，"Das Auto"的提示语不能孤立地看，而是洋品牌在别人花园里的自恋现象。还是门胁说得对，"要尊重别人的文化和习惯，让花园变得更美丽，更丰富。"扪心自问，一些洋品牌在别人的花园里都做到了吗？我想，按中国人的文化习惯，一个尊重别人的人，也一定会受到别人的尊重。品牌亦如此。

VOL.10

论"Das Auto"

从成都车展到广州车展，不少媒体都在私下里议论有一则广告非常牛，叫"打死奥托"。有人问我，你知道这是什么意思吗？一时回答不上来。后来经解释，原来是大众汽车广告中的一句"提示语"，叫"Das Auto"。在德语中是"这就是汽车"的意思。后来我注意到，在所有的大众汽车广告中，包括电视广告都出现了这句德语。在我看来，这对母品牌的强化未尝不可，又有何值得质疑？但有人不这样看，认为大众太牛了，就是你是汽车，别人就不是汽车？至少在表达上不够谦虚。

这样的议论一直带到东京车展上。有媒体特地到大众展台上察看了一番，没找到"Das Auto"，以此证实大众只有针对中国市场这么牛,也许在其他市场未必。作为佐证,在东京车展上,大众汽车展示的展品和规模远不如参加中国车展那样有气魄,舍得花血本。大家心里都在犯嘀咕,东京车展难道不是A级车展?我在现场也感受到了这样的反差。

最近,我在读李安定送给我的一本他写的《车记》。书中记录了他采访广汽本田首轮总经理门胁轰二有关"跨国合作"的一段话,倒是触动了我的一番思考。安定在书中写道——

"我曾请教门胁先生,以你丰富的海外工作经历,你以为,跨国合作取得成功的秘诀是什么?门胁沉思了片刻说,合作的精髓在于有效的沟通。作为一个身在海外的日本人,我时刻留意一件事——我是在人家的花园里工作,要尊重人家的文化习惯,让花园变得更美丽、更丰富。"

我想,这是经验之谈,也是大实话。也许有这样的意识,广汽本田在广告和传播中都十分谨慎,低调而温和,也不摆谱,市场好感度不低,这么多年来发展也比较稳健,很少有是是非非。相对而言,一些其他合资品牌或独资品牌就不够谦虚和安分了,耐不住寂寞,动静很大,都想称大王,有的甚至超过了文化的底线,招致反感和抵制。最典型的就是2003年发生的丰田广告事件,即一辆霸道SUV停在两只狮子之前,一只石狮子抬起右爪作敬礼状,配图广告语为"霸道,你不得不尊敬";还有一则是"丰田陆地巡洋舰"在雪山高原以钢索拖拉一辆国产大货车的广告。由此掀起轩然大波,至今恐怕广告界还记忆犹新。我注意到,这是丰田进入中国开始膨胀受到的最严厉的舆论谴责,最终不得不向公众道歉而平息了这场风波。

尊重文化并不是只停留在口头上的客套或形式上的表达,而是要拿出诚意和切实的行动。所以,"在别人的花园里工作",这句话虽是一种形象的比喻,其实也是与人处事的基本常识。问题是,不是所有的人都有这种意识和自觉。比如,最近一家咨询公司在做一项汽车跨国公司社会责任的调查中发现,尽管现在不少汽车洋品牌都十分关注自己的品牌形象和企业形象的认同度,试图通过履行社会责任或文化活动来来改善企业的亲和力,拉近品牌与消费者的距离。事实上都是一些形式,而无实质内容,或是出于功利的作秀,难以取得认同的效果,反而适得其反,落得个对文化不尊重的骂名。调查显示,一些豪车品牌活动其实很无聊,硬要冠个文化的名堂,甚至没事找事,实际上是比谁会"烧钱",目的就是吸引眼球,产生轰动效应。比如,对"非物质文化遗产"赞助,本来是件好事,现在成了走过场,沽名钓誉;其次是文化资助,成了名人圈子的自娱自乐,与大众消费无关,空洞无味;再是地标冠名,你方唱罢我登场,比的是钱和霸气,轮番轰炸,颐指气使……

在这样的商业环境和氛围里,一些汽车洋品牌的传播已经失去了理性和应有的斯文,忘了自己是在别人花园里工作,倒是像"卖大力丸的江湖艺人",一个比一个牛。你喊"与平庸不而立",他就叫"新布局,执掌未来";你找名人代言,我让大腕站台;你玩设计创意,他搞豪华路演……汽车圈子变成了"在盘子里抢豆子的营生",相互攀比,肆意妄为,无视文化的尊重和底线。近年来,有人借助国子监和天坛等文化圣地举行所谓的汽车文化活动,实际上都是"挂羊头卖狗肉"的商业行为,还美其名曰,这是品牌与传统文化和高雅艺术融合与提升等。某汽车洋品牌在太庙里搞发布活动所引发的争议至今还被人常常提起,论及这家车企的霸道。

这种拉虎皮作大旗的心照不宣也就失去了真正意义上的传播价值。长期以来,豪车在人们的印象中是"富而不贵"或"被格式化的符号"与此莫不相关。像发生在上海的宝马车主与奔驰车主因赌气斗殴致死在中环上的事件,真是让人匪夷所思。而网民对中国豪车的评论则是,"一排奔驰停在一起,是老头子搞聚会;一排宝马停在一起，是'富二代'在开Party；一排奥迪停在一起，是中国官员在开会。"这难道仅仅是调侃吗？

我以为，"Das Auto"的提示语不能孤立地看，而是洋品牌在别人花园里的自恋现象。还是门胁说得对，"要尊重别人的文化和习惯，让花园变得更美丽，更丰富。"扪心自问，一些洋品牌在别人的花园里都做到了吗？我想，按中国人的文化习惯，一个尊重别人的人，也一定会受到别人的尊重。品牌亦如此。

（首发人民网 | 2012-01-04）

SUV盛行让我想到了夹克衫

颜说：回过头来看当下中国的SUV能成为经典的会有多少？而它的成长性又在哪里？就像当年夹克衫的盛行，现在还有几款能留得下来？问题是，福特T型车发明已有百余年了美国人至今还在感恩，而SUV威猛超凡却被美国人诅咒为"魔鬼"和"毒瘤"，这又是为什么？

VOL.11
论SUV

如今大街小巷流行各种各样的SUV。这就让我想起已经久远的夹克衫盛行的时代。我也奇怪，这是两个风马牛不相及的物品怎么会在脑子里碰撞在一起？好在这不是胡思乱想，也不是胡编乱造，而是自己所经历的现实……

中国汽车消费历史不长（1949年之前除外）。植入老百姓脑子里的"汽车消费"概念不过20年左右（从1994年官方发布"汽车产业政策"允许私人购买汽车算起）。从鼓励到放开，再到限行和限购，留给国人汽车消费的美好时光其实很短。如今，在限购城市里，车好买，牌照则千金难求，成了稀缺资源。

这种过山车式的变化，令人匪夷所思，却又无奈。现在的拥堵和出行难，想想也就罢了，问题是现在又在闹雾霾，那就无语了，毕竟事关健康，还有什么可争辩的？不过，汽车销量仍旧不受影响，居高不下，销量年年增长，尤其是SUV持续畅销，一片弹冠相庆，彼此作揖。权威人士说，在短期内，SUV势头降不下来。何故？事实上，这已经不是消费那么简单，而是存在感的一种符号。这就像当年夹克衫流行那样，被从众所绑架时的集体无意识，谁也没有提出过异议。

在我的印象中，中国汽车大致经历了进口车（20世纪80年代初期）、老三样（20世纪80年代末90年代初）、新三样（新旧世纪交替）、国产豪车（21世纪初期）、汽车自主品牌（2015年至今）几个发展阶段。如果论车型，国人至今还是不太认可两厢车和旅行车，而且喜欢大，由普通轴距到加长，无论是经济型轿车还是中高档车，甚至是豪华车，凡是车都要加长，"L"现象也就成了汽车消费的一种特征和心理。如果研究这一消费现象，就不难看出，其实这是一幅时代变迁的风俗画，或者说是社会的表情。琢磨起来，大有学问可做。有意思的是，在众多的车型中，能被大家接受并约定成俗的"家轿"最终却被SUV抢了风头（专家早年设想以小型车为代表的小康目标却提前被透支了），而且发展到无SUV车企就没戏的地步。

这就使我想起"文化大革命"后，当人们告别蓝灰黑的中山装和军便服，出现夹克衫流行时的情景。当时上海尝试举办服装展销会，不料风靡全国，引起海内外关注。有人把它看作时尚流行的开始（后来演变为上海国际时装周）。汽车也是这样，上海是中国车展的始作俑者，后来也像服装展销会一样，办成了国际车展。所以，看到各种各样的SUV满大街招摇过市就会想到形形色色夹克衫在马路上晃悠。懂行的人对我说，这已不是夹克衫，而是两用衫（春秋两季可穿的衣服）。在内行人看来，穿起来露出屁股兜的才是正宗夹克衫。这又使我想起有关真假SUV的争论。故有人说，有越野功能的就是"纯爷们"，没有的就是"不长胡子的男人"。这场争论持续至今，还有人拿来说事。但现实是，人们已经不关心它的真假，而是面子，不在乎里子。据业内人士介绍，现在市面上行驶的SUV有七成以上是"伪SUV"，尤其是10万元左右的SUV，很难有越野功能。遥想当年，"夹克"盛行时有多少人考虑正宗？后来全民都穿，就像现在西服的命运一样，最终竟成了工作服。

所以，真假SUV的争论是瞎操心，没有必要为其皱眉头。说穿了，后来都沦为营销的把戏。其实，SUV（多功能越野车）定义一旦世俗就已发生变化。问题是SUV虚火过旺，产生的浮躁和追风热难以持久，担忧的不是热闹，而是内涵不足。这就像当年穿夹克衫，很少有人关注它是否合适和品质是否好，多数把它当做一种时髦，被卷入集体从众无意识的洪流之中。

纵观今天SUV市场，有多少人买SUV是为了越野——翻山越岭，去穿沙漠，过无人区？其实，这是轿车的异化（两驱占多数，四个轮子加个壳）——在城里放牧，招摇装酷。说来有趣，国人对SUV起先并不待见（2004年之前），叫"吉普"，或称"越野车"，视为行业用车，最常见的就是公检法执法车、抢险工程车、企业事业单位工作车等，一度还被当作"硬顶吉普"——货车。在北京，还有不准上长安街的历史等。

现在看来，"SUV热"是一帮玩车族吃饱了撑的炒作，后来当作了雅痞和个性，装酷的时髦，最后由厂商参与，推波助澜，风生水起。先是有钱人的玩具，后是生活方式的杜撰等。不过，SUV被市场所接受看来还是"一车三用"（轿车、越野车和MPV合一）的诱惑，皮实、耐用、高性能、多用途等消费的着力点发生了变化。尤其当以城市冠名的SUV推出之后，实际上已是去越野的多功能车。这种变化使得SUV与越野车若即若离，成为了汽车的一个品类,淡化了专业,趋于世俗和大众化,把消费当作了新趣。

以前,我们看不惯美国人喜欢吉普(SUV),横冲直撞,飞扬跋扈。当美国汽车业面临倒闭危机时才开始反思。舆论指出,这是SUV害了美国汽车(无视排放和节油及轻量化,导致产品竞争乏力),认为SUV消费的肆无忌惮就像毒瘤般助长了美国人的霸气,养成了挥霍无度的坏习惯。2008年,美国汽车三巨头陷入破产危机,刺痛美国,把账算在了SUV泛滥的身上,归之于"魔鬼",导致美国汽车业虚弱不堪(丧失摆脱传统汽车的机会,败给日系车),陈旧的组织架构和运行体制已经不能适应现代社会的复杂要求,曾经不可一世的三巨头垂垂老矣,在光怪陆离的环境中渐渐黯然失色。

现在看来,中国SUV在步美国的后尘,有过之而无不及,几乎全世界的SUV都涌入中国,就连宾利也都为中国开发出带酒吧功能的SUV,奢侈到极致,令人瞠目结舌。由此带动豪车卷入中国的SUV大战,极尽高端和奢华之能事,炫耀科技和噱头,无视约束和敬畏。在我的印象中像宝马、奥迪、保时捷、捷豹、大众等,以前都不是善长SUV的车企,如今走火入魔,把市场锁定在中国,并以此为利润源,忙得不亦乐乎。在此影响下,无论是合资还是自主都把产品的重心倾斜于SUV,由此产生的过江之鲫,难免鱼龙混杂。繁荣之下,还能见到鸡毛一地(同质化低水平重复),连合资品牌也都在鱼目混珠,这个市场的脆弱就像海市蜃楼。

这种脆弱并非唱衰,而是对缺乏创新力产品的隐忧。合资产品的黔驴技穷与自主品牌的羽翼渐丰,充其量只是能级的缩小,在一个盘子里抢豆子的能力开始接近。事实上,汽车竞争的重心已经开始转移——转型升级。美国车完败日系车的教训足以警示业界,"不是领先就是追随或出局"。告诫汽车的创新不仅是在行动上,关键是观念和思维的转变。回过头来看当下中国的SUV能成为经典的会有多少？而它的成长性又在哪里？就像当年夹克衫的盛行，现在还有几款能留得下来？问题是，福特发明T型车已有百余年了，美国人至今还在感恩，而SUV威猛超凡却被美国人诅咒为"魔鬼"和"毒瘤"，这又是为什么？

所以，汽车绝不是单纯的产品，而是有思想的轮子。从这个意义上讲，汽车仍旧是改变世界的机器。

(首发微信公众号"汽车有智慧" | 2017-01-04)

从汽车过度包装说起

颜说：有人说，现在最好的广告就是口碑。这就揭示了一个规律，好产品是用户帮你在传播。

VOL.12
论汽车设计

当下汽车设计取向主要分三种：炫目、内敛和中庸。现实市场表明，炫目的设计往往会增加感官印象，增添时尚或个性的定语；内敛的设计通常会杜撰出一个新概念，如低调或简约的奢华；而中庸的设计则会用平衡的理念加以阐述。问题是，无论产品包装，还是品牌传播，当下不少汽车厂商的渲染和鼓动之词层出不穷，宣传力度远胜于产品本身，大有过度和夸张的趋势，这可能会使消费者产生逆反心理，效果反而大打折扣。

毋庸置疑，现代营销离不开包装和传播，但一旦过度，受众就会产生质疑，消费者也不会买账。最典型的就是某民营车企以"奔驰的前脸，宝马的尾巴，夏利的车身"为噱头，所闹出的笑话曾被作为山寨汽车或模仿秀引人嘲笑，而借用国外大师设计，拉虎皮做大旗的做法则又显得肤浅，事实上买车的又有几个人在乎大师设计？在传播上，凡是轿车都被说成是为成功人士打造，或称社会精英的选择，车主就这样被划分出各个阶层。尽管这是汽车消费初期的粗俗表达，但在走向成熟消费的今天，依然改变不多，而且愈演愈烈。纵观当下汽车产品的介绍，不是"引领"，就是"超越"，或是"奢华"。雷人的广告语，充斥"富有"和"地位"，代表"享乐"和"时髦"，崇拜"霸气"和"独尊"。这正如《寻路中国》一书中所描述的那样：汽车成了中国中产阶层崛起的象征，不仅如此，还是一种标签。

这是事实。拥有汽车不仅是出行方式的改变，还有身份认同的功效。所以，汽车厂商投其所好，刻意提供了诸多"物欲"的概念和广告的喧嚣，使得汽车竞争变成了造势和广告之战，难怪业内人士说，现在新车上市活动越来越无聊，讲究排场和派头，因传播过度导致内容贫乏，属于"心灵沙漠化"的一种。

其实，这样的过度包装变成了攀比，用厂商的话说，就是砸钱，财力的比拼。本来新车发布是一个很简单的事，却人为地搞得复杂起来，有人做过统计，一款新车从预热到上市，最长的时间要拖上一年左右，其目的就是造势，吊起购买欲望，引起关注度。就像现在电影上映前的炒作，等片子上映时已经没有了新鲜感。问题是汽车上市的炒作显得空洞，所以在疯狂炒作的背后，实际上是心浮气躁的声嘶力竭，不能切实地从需求考虑，或人文关怀上着想。

有趣的是，现在真正卖得好的产品并不是靠虚张声势的炒作，而是靠口碑传播。如某A级车，刚问世并不被人看好，厂商也没在造势上下功夫，一度还有负面的议论见诸报端，但后来逐渐热销，以至月销量突破两万辆，还供不应求，创下细分市场销售最高纪录，令人匪夷所思。故有人说，现在最好的广告就是口碑。这就揭示了一个规律，好产品是用户帮你在传播。

从受众的角度来看，现在受广告左右的购买冲动在减少，注重产品本身的理性选择在上升。一位从事品牌传播的专业人士分析，如今迷恋品牌消费的人群还是处在"面子消费"的过程，很难代表健康的消费趋势。例如，受无印良品成功的启发，日系豪华车走的就是一种低调中见品位的思路，不仅在美国畅销，现在也走俏欧洲。崇尚品质和品位，讲究优雅和内涵，享受真实的生活和对产品的体验，拒绝了过度的包装与夸大的虚荣，这并不是否定品牌的存在，而是成熟的消费者在理性的选择。像无印良品就是靠产品魅力和其倡导的消费意识而大获成功。正如创始人木内正夫所说，我们在产品设计上吸取了顶级设计师的想法以及前卫的概念，这就起到了优秀广告的作用。我们生产的产品被不同消费群体接受，这也起到了宣传作用。

这是倡导一种生活态度，由此还原物品本来的面貌，使设计简单到只剩下素材和功能本身，自然、简约和朴实。使物有所值的消费不但变得更有分量，而且升华到文化层面。这种无"包装"的营销，事实上已经成了最好的"包装"。钱穆说过，"向外的人生，是涂饰的人生；向内的人生，是洗刷的人生。"这正符合当下低调生活的取向。事实上，那种似有若无的设计，要比刻意雕琢来得更加接近自然美。在物欲横流的今天，也许传播这样的人生态度会更有意义。这就是：若知足，虽贫亦可名为富；有财而多欲，则名之为贫。

（首发《东方早报》| 2011-02-17）

中国汽车消费缺什么？

颜说：文化是生活的底色。由于长期以来对于汽车的理解停留在资产阶级生活方式和权力地位极左的认知与官本位的基础上，后被财富和腐败所替代，现在又滑入享乐和身份的泥潭里。通过这样的认知过程，汽车由"梦"一夜之间变成了"玩物"，来得太快，岂能不产生误导，被迷失？

VOL.13
论汽车消费

中国汽车不入流的原因，现在看来还是缺少文化？

说实在的，现在我们看到的汽车能够吸引眼球的基本上都是洋品牌，稍有个性的就是跑车之类的车型。并且，数得过来的也就是那几个牌子。但定下神来思考一下，就会发现中国不缺汽车购买力，缺的是发现或鉴赏独到的眼光和水平。说中国车主没文化一定会遭人骂，甚至被打的可能性都有。走在大马路上，或在小巷和僻静处，扫视或远看，汽车在点缀生活，虽不见车主，第二身份业已透露，他们都是行走在这个社会上升通道的群体，或已到了享用和拥有的成功人士，谁还敢小觑？

对有钱人来说，买一辆豪车就像买一件时装那样容易，而对于普通百姓来说，买一辆经济型的私家车就会觉得无比快乐，就有了幸福感。所以，背景不一样，对于汽车的态度和理解就天差地别。

事实上，金钱是买不来属于心灵的享受，并不是有钱就能买来文化。汽车也是如此。这是非常浅显的常识，有时就会变成一个严肃的问题。凡是去国外汽车博物馆参观过的人，就会有所感触，这倒不是陈列在博物馆里的车都是稀世珍宝，主要还是隐藏在车背后的人文故事吸引人，或者说，其历史价值和发明创造提示人们对汽车的敬畏。如奔驰一号车，难道奢华吗？T型车就伟大吗？菲亚特小老鼠就奇特吗？甲壳虫就珍贵吗？

实际上，那些车朴实而又平凡，但放在博物馆里就会熠熠生辉，不容低估它的价值。只有了解曾经走过的历史，感知生活的见证，才不会数典忘祖。

正因如此，这些国家都很尊重这些车的价值和历史，把它们供奉起来，让后人观瞻。包括同时代的生活物品，及体现娱乐方式、精神面貌的东西，由此形成了属于自己的汽车文化。如美国的汽车文化，带有开拓创新的精神，表达的是开放自由、民主激进的思潮，没有门第和烦琐的礼教束缚。美国不仅有官方的汽车博物馆，还有私人的汽车收藏馆，并分赛车馆、专业馆和主题馆等，把丰富的汽车世界演绎成了内涵生动的表达文化。尽管美国的历史并不长，但汽车的历史文化之发达显然是走在世界的前列。

同样，在意大利，如菲亚特新500上市这一天，来自全欧洲的上百位老500的车主带着爱车聚集在都灵市中心的广场庆贺新车型的诞生，同时也释放出他们对于汽车的挚爱和痴迷。其中，有艺术家把老500做成了艺术品供人欣赏，也有人把老500改装成华丽的敞篷车招摇过市，还有一些老人坐在自己的老500身旁讲述过往与车的故事，但更多的人是借助这款车回到了过去的岁月，在尽情地怀旧。这样的情景，如果不置身其中是感受不到汽车是有生命的，它是会表达情绪和传递情感的伙伴,甚至会成为厮守的"情侣"。

在欧洲,可以看到不少汽车博物馆,无论是官方还是民间,都带有很强烈的个性和自己的风格,成了不同民族文化组成中的一部分。作为现代文明的产物,汽车博物馆在无意中彰显出一种穿越时空的文化力,表达了一种话语权。

有人设想在欧洲开辟出不同线路的以"汽车博物馆"为主题的旅游线路,并且是针对中国游客设计的。在老外眼里,中国已经成为汽车消费大国,对于汽车肯定感兴趣,想不到应者寥寥,令人失望。相对于欧洲汽车博物馆门庭若市的现象,国内则截然不同,迄今为止最大的上海汽车博物馆是门可罗雀,投资数亿元建造的汽车博物馆成了徒有虚名的摆设。

同样,国外的汽车赛车场,就像民间的体育场馆,利用率很高,一到赛事期间,就像庙会和集市,热闹而充满生活气息。但在国内就让人大跌眼镜。例如,投资26亿元建造的世界上最先进的上海F1赛车场,每年就举行一场比赛,其余时间都在"睡大觉";名声大噪的上海天马山赛车场,本来想靠汽车赛事混饭吃,想不到被汽车厂商包圆了,变成了汽车厂商的秀场,每月排得满满的,虽赚得盆满钵满,但早已远离初衷。

也许我们缺的就是这些。

把汽车当作了炫耀物质的攀比方式,或者是带有社会属性的阶层划分。当下的汽车消费,除了更加浓艳的脂粉气,还浸透着功利的腐朽味,不时还有"汽车暴力"横行霸道。在以居高不下的死亡率为代价的汽车繁荣面前,充斥在人们视野里的广告和传递的信息不是阿谀奉承,就是低劣忽悠,要不就是皇权遗风,侈靡煽情,缺乏人文素养,健康向上的气场。

文化是生活的底色。由于长期以来对于汽车的理解是停留在资产阶级生活方式和权力地位极左的认知与官本位的基础上,后被财富和腐败所替代，现在又滑入享乐和身份的泥潭里。通过这样的认知过程，汽车由"梦"一夜之间变成了"玩物"，来得太快，岂能不产生误导，被迷失？

如果说中国汽车产业繁荣，不如说中国是汽车的暴发户。发生在现实生活中的飙车案、醉驾撞人案、富二代车、加长车等现象，不都足以证明是没文化的表现。

有人说，汽车是一种生活方式。但现实生活中汽车成了一种表达工具，或是一种人体的包装，更多的是一种虚荣的狂欢，失去了对本体意义的诉求和思考。

看了国外以汽车为轴心的文化和生活，就会发现在分享现代化文明成果时，人文素养和国民素质是多么重要。拥有汽车不等于代表了现代化，而人的现代化才是最重要的。中国汽车消费须补上文化这一课，这对于中国步入汽车社会尤为重要，否则，汽车就会成为脱了缰绳的野马，岂能不忧？

（首发《东方早报》| 2010-09-09）

媒体何以成为营销载体

颜说：汽车搭上大众传媒这艘船就会成为物化的文化和符号，汽车消费也就会演变成一种对观念和意识形态的接收或鉴赏，甚至是一种精神诉求等。

VOL.14

论汽车媒体

"我们要借助明星来进行营销。"

这是来自雷诺汽车公司一位副总裁近日在上海环球金融中心举行的科雷奥BOSE限量版发布会上说的一番话。让他觉得兴奋的是，上海的人气与时尚一点都不逊色于巴黎及任何世界顶级的繁华都市，背后涌动的不仅有强劲购买力，还有对时尚追逐的爆发力。

雷诺重返中国，从一款SUV车型与时尚混搭之后受到追捧看到希望，选择上海最高的时尚地标建筑举行新车发布，孙楠专为雷诺打造单曲《诺随行》的首发，由此形成"雷诺之夜"的热烈气氛。粉丝蜂拥而至，加上经销商组织的车友，狭小的空间里聚集了几百人，场面火爆，若没有保安维持秩序，看来难以控制场面。这种传播方式一下子就抓住了不少年轻人的眼球，达到了品牌造势的目的，也为媒体传播提供了猛料，烘托了产品的定位，诠释了消费的指向性，塑造了品牌形象。

雷诺是个小众品牌，有人认为另类、超前，但欣赏此风格的人不多。现在看来此车卖不好的原因还是对传媒重视不够。不仅是雷诺，整个法国车在中国卖得都不够理想，以进口车的身份进入中国，人们对其来龙去脉却知之甚少。但法国的时尚浪漫、崇尚艺术、尊重生命与生活，对于国人来说并不陌生。在汽车营销当中却很少结合这些丰厚的人文资源，或者说用得不够精确或到位，在推广和传播上又缺乏力度。

影响力就是经济力，现代营销的一个重要特点就是博取眼球和关注度。现在卖得好的车，多数都在这方面狠下了力气。所谓"媒体是营销的工具"，营销做得好的都离不开媒体传播的功劳。这样的例子不胜枚举，如通过世界房车赛隆重推出科鲁兹，与宝马车同台竞技以吸引眼球，再请出美国走红的电影明星米勒做科鲁兹的产品形象代言，继而通过网络电影《11度青春》的植入广告来演绎当代年轻人的生活方式，借助主流社会价值来凸现品牌的感召力，两个月的网上点击率就达3000万人次，传播效果可想而知。

最近，一些豪华车品牌如奔驰、皇冠、宝马、英菲尼迪等纷纷与高端时尚财经类杂志和娱乐媒体联姻，找寻吸引公众眼球的"魔方"，这就是用娱乐新闻的方式传递或表达各自倡导的生活方式和消费理念。如一汽大众CC新车推出，就是借助《时尚》在上海举行人物评选发布会而走进人们的眼帘。因此，汽车搭上大众传媒这艘船就会成为物化的文化和符号，汽车消费也就会演变成一种对观念和意识形态的接收或鉴赏，甚至是一种精神诉求。

营销的过程就是让受众在了解信息的过程中提高认知度并产生印象，由此萌动和激发购买欲望为出发点。当然，没有内容的传播不仅没有价值，有时还会产生负面影响。在当下汽车同质化的趋势下，没有文化内涵的产品很难对接钱"钱口袋"。尤其是在汽车消费进入供大于求的今天，人们需要的不仅是功能上的高性价比，还需要有人性化含量的汽车，重要的是看此车是否有"故事"，以满足精神上的需求。所以，借助媒体营销将会成为今后商战愈演愈烈的重要手段。

（首发《东方早报》| 2010-12-16）

汽车借助黄浦江看到了什么？

颜说：汽车圈里就流行着一句顺口溜，"想造势，上北京；做市场，去广东；打品牌，到上海"，这基本上勾画出了中国汽车业发展的轨迹。

VOL.15
论上市会

很久以来，汽车圈里就流行着一句顺口溜，"想造势，上北京；做市场，去广东；打品牌，到上海"，这基本上勾画出了中国汽车业发展的轨迹。

近年来，上海成了国内外汽车厂商的必争之地，尤其是高端品牌。上海几乎是隔三差五就有新车发布、品牌秀、店面开张等各种名目繁多的活动等，俨然成了汽车厂商的一道幕布和道具。

记得有一次，一家法国汽车品牌在上海做推介活动，特意安排了试驾路线，穿越市中心抵达浦东机场，而后再乘坐磁悬浮折返市里。此举旨在把汽车与上海的"法国人文"串起来，植入一种记忆，强化品牌印象。同样，通用来到上海，在品牌转播中首先祭出的是它与上海的悠久历史，从本土找到一辆1913年的别克老爷车运抵上海，经修复上演了一出"别克重返上海滩"的故事。多年前，奔驰的一位负责营销的高管也试图想在上海找到奔驰在"老上海"留下的痕迹，以证明奔驰品牌在中国被人知的历史跨度。同样，有"中国宝马之父"的唐诚，把宝马专卖店开在繁华的淮海路、西藏路和金陵路的交汇处，不仅是为了解自己的"乡愁"，重要的是凸现宝马的品牌价值。

早在上海开埠之初，《字林西报》就称，"上海插一根木桩子都能长成参天大树"。在《上海汽车与配件流通志》中记载，截至新中国成立前，在沪开设的汽车洋行（即今日的汽车专卖店）多达18家，几乎都是欧美知名汽车品牌。所以，当外国汽车重又涌入上海时，开设的"展示厅"（专卖店）就是从延安路开始，直抵虹桥沿线。这在当时，却是一件新鲜事。当家轿还是普通市民不敢奢望的"梦"时，那些专卖店成了一道风景，车迷的向往之地，被打开的一扇窗户。

现在看来，这是汽车厂商最初的品牌传播方式。老外心里很清楚，在汽车消费还没有完全放开时，专卖店的功能只能是"展示厅"。但他们认为，这种展示的方式可以看作实物广告，不在当下，而在将来。果真如此，不用十年，轿车开始进入家庭，印证了老外的眼光没有错。

世纪之交，"上海热"促成了不少著名汽车品牌来沪编织故事。华尔街投资家罗杰斯携女友在上海金茂大厦为赞助商奔驰做了一场轰动全球的"千禧车"之秀，留下的不止是这位冒险家的能说会道，还有他策划和自我包装的才能；此后不久法拉利来沪在陆家嘴、苏州河、淮海路捕捉到了吸引眼球的镜头，那还只是出于猎奇，目的是拿到日内瓦车展上去出风头。但真正把眼光关注到消费者，意识到上海是品牌传播舞台的还得从黄浦江说起。

2003年，上海举办时装周，奥迪敏锐地意识到这是转变官车形象的机会，一次签约，连续三年作为此次活动的赞助商。由此，在上海玩起了"老仓库""老码头""老洋房",加上奥迪系列车型在上海街头巡游等,充分利用了上海城市的人文资源为奥迪品牌的华丽转身打下了第一根桩。此举给人印象最深的就是,在黄浦江的老码头上用一个玻璃罩把一辆奥迪车放在里面,再用灯光聚焦,在夜色里格外醒目。同样,2008年,借F1在上海举行,奔驰在上海国际客运码头发布五款敞篷跑车登陆中国,用两艘拖轮拼凑成一道巨大的奔驰背景幕布立于黄浦江上,场面奢华令人震撼。由此联想到不少汽车颁奖、品牌发布、新车上市,都不约而同地看中黄浦江。看来乐此不疲的原因,还是黄浦江能演绎汽车故事,一个不用粉饰的天然舞台。

历史上,有人形容黄浦江是"迢迢申浦,商贾云集,海艘大小以万计"。这是上海繁华的根本原因。在老上海的概念里,"闯码头"与"闯世界"是一回事。上海的国际性与黄浦江是分不开的。余秋雨在一本《上海历史》摄影集的序中写道,"上海是撬动中国的一个支点,因此,也是撬动中国和世界之间关系的一个支点"。看来,借助黄浦江也许会看清楚汽车究竟是什么东西,同时也能够找到你想要的是什么?这也许就是黄浦江带来的传播效应。

(首发《东方早报》| 2011-07-08)

上海车展的文化反思

颜说：京剧大师梅兰芳说过，不在上海这样的大码头闯一闯是很难在梨园行里站住脚的。在当代文学史上，也有这种说法，如果不在上海出名，在全国也很难打响。盛行于中国的车展也是这样。

VOL.16
论车展

与北京车展相比，上海更接近现实，但不完全迎合，重视展会质量，大有"去上海化"的努力。

京剧大师梅兰芳说过，不在上海这样的大码头闯一闯是很难在梨园行里站住脚的。在当代文学史上，也有这种说法，如果不在上海出名，在全国也很难打响。盛行于中国的车展也是这样。

细节：体现出城市性格

"迢迢申浦，商贾云集，海艘大小以万计。"

岁月更替，时代变迁。买办、租界、股票、汽车、舞厅、酒吧、文明戏、咖啡馆等相继涌现，连同外滩月亮湾的建筑群一起，勾画出上海这座城市国际化大都市的特质，被世人所惊叹："无与伦比的富丽堂皇"（西方人的奢侈生活）"东方明珠"（对城市的形容）"万国博览会"（指外滩建筑），后又移作"万国汽车博览会"（指进口汽车）等。于是，在这样的背景下而产生的影像，有人把它归之于海派，与京派对应。

在中国的历史上，上海从没有像今天这样开明，思想解放，释放出惊人的活力。

起源于上海的国际车展，亦属于开风气之先举，值得津津乐道。

如果审视上海国际车展，倒是能体现上海的城市性格。这倒不是它的规模和人气，而是它的管理和细节。如电子门票的采用、人员疏散的方式、交通管理的办法、展馆的设施、现场的服务等，这就很自然地会想到秩序国际化接轨等概念。

今天看来，上海车展成了"名利场"的平台，更像是个放大了的汽车圈的派对。

"不在中国取胜，就在世界败北"（1999年"上海财富论坛"的关键词）。

从文化和国际交往来看，2010年在上海举行的世博会成了继去年北京奥运会之后的又一件举世瞩目的文化盛事。即便美国通用在乞求政府救赎时，上海通用世博场馆还是照样兴建。瓦格纳曾经说过，通用在中国的战略就是速度。他认为，上海的发展机遇千载难逢。

近年来，世界汽车在华的总部纷纷南迁落户上海，在方圆2公里内的浦东陆家嘴金融区，就聚集了通用、福特、麦格纳等多家世界知名汽车中国总部，而上海250多家知名汽车品牌专卖店所构建的市场平台，足以让世界汽车垂涎三尺。

上海：现代中国的钥匙

那么，上海在汽车界的印象究竟是什么？

中国第一辆进口汽车是从上海登陆的，上海最早的汽车洋行（专卖店）就在上海诞生，鼎盛期几乎欧美的汽车品牌都落地过上海（新中国成立前共有17家），中国第一条汽配街的历史遗迹还能在上海威海路上找到……

毋庸置疑，1949年前，上海是私家车最发达的城市，同时也是中国最早懂得汽车消费的大都市，也是中国汽修行业最繁荣的象征。从这里走出来的"外国铜匠"（汽车修理工）"仿样工"（开模具仿样），都是从洋人手里学来的手艺，他们赖以生存的行业（汽修业）实际上为上海汽车业早期的形成打下了基础。第一辆"红旗"和"凤凰"都是出自这些老师傅之手。

汽车对于上海来说是舶来品。上海的弄堂建筑就是最好的旁白。上海的包容使这座城市气度不凡，有了更深沉的一面。20世纪50年代一位美国学者罗兹·墨菲用《上海——现代中国的钥匙》作为书名，形象地解读了上海这座城市在中国的地位和影响力。

车展：做品牌到上海

车展是一种表达话语权的方式。上海人最初想到这种办法是为了了解国外的汽车技术。一位策展人曾经回忆说，20世纪80年代技术人员出国控制得很严，开放度不大，对汽车前沿技术的了解还是依赖外文报刊、资料收集等，而且滞后。

"办车展的最大动因是为了开眼界，了解国外的汽车动态。"上海国际展览公司一位当事人告诉我，对车展的认识和功能的延伸是根据后来需求决定的。正像首届上海国际车展（1985年）不仅惊动了北京和上海的政府高层，还引起了行业和社会的关注。

"要造势上北京，打市场去广东，做品牌到上海。"这几乎是汽车圈子约定俗成的思维。谁都清楚，上海不是最开放的市场，但绝对是做品牌最适合的舞台。汽车跨国公司从不敢怠慢上海车展，认为这是中国最具商业价值的运作。与北京车展相比，上海更接近现实，但不完全迎合，重视展会的质量，大有"去上海化"的努力。

车商都喜欢来上海参展，认为上海有眼界，有鉴赏力。因为这是汽车游戏的门槛，亦是衡量底气的试金石，更是企业发表战略主张的讲台，进行文化角力的战场。

但我们应该看到，这些都掩饰不了以往的事实。即集20余年办车展的经验积累，与其说上海车展像个奢华的庙会，学会了模仿技能，还不如说，它更像个失去文化支撑的名利场，在汽车大合唱中不时会出现杂音。这既是上海车展与国外一流车展的差距，也是值得关注和思考的。就像一幅画，并不在于技巧的卖弄，而是力透纸背的内涵。

这背后意味着什么？我想，上海车展也许是最摩登的，但很难说已经形成了自己的文化和个性。就车展本身而言，似乎还缺少与上海这座城市相匹配的文化内核、思想轴心。说白了，就是缺少主场的意识和主张的强力支撑。不可回避，这与本土产业的创新和原创能力不足有关。

(首发《东方早报》| 2009-04-30)

汽车如何让生活更美好

颜说：2014年北京车展是汽车多向度的呈现，汽车展已不单纯是对市场的表达，还有技术和文化的暗地较劲。

VOL.17
论车展

两年一度的北京车展无疑是汽车的盛会、媒体的节日、百姓的嘉年华。不过，2014年北京车展主题从传播角度看，已经没有多大悬念和新闻性，因为早在2013年上海车展上就已经确定。如今，北京车展登顶世界级车展已毫无争议，无论是规模还是人气，抑或商业氛围，连老外都为之兴奋。

世界最大汽车市场

"汽车让未来更美好"的"单向度"提法，事实上业已遭到质疑，正面对现实的挑战。比如，雾霾天气增多，范围在扩大；城市拥堵加剧，治理难度增大；交通事故居高不下，不安情绪在放大等。这些迫使汽车限购限行政策率先在直辖市实施，现已开始向省会和中心城市蔓延；另外，汽车圈地和扩张在加大力度，愈演愈烈，产能过剩隐忧重重。与其说这是汽车无节制过度发展的现象，还不如说是汽车正在全方位透支未来。

所谓美好，是建立在人与自然和谐相处基础上的丰富多彩、积极向上。我们看到，汽车在带来繁荣和社会富余的同时，也打破了平衡。尽管20年前，已经有人在发展轿车的争论中预料到有今天的危机，但绝不会想到美好的汽车梦会变成今天的"噩梦"，而且来得如此之快。

相信谁也没有心理准备，包括政府，而只是看到了国内生产总值和经济的高速增长，只顾消费却忽视了"先发展后治理"的教训紧随其后，"德不配位"所导致的社会分化和矛盾日趋突出。

汽车在中国的突然爆发，几乎是在一夜之间走过了汽车发达国家需要几十年甚至上百年的路程。而今，几乎全世界的汽车厂家都在为中国生产汽车，视中国为世界最大的市场。

不过，我们高兴不起来。

为什么？这其中既有产业大而不强的尴尬，也有国内市场国际化的严峻形势。问题是自主品牌目前尚未成为汽车消费主体，在外资品牌的打压下，有的还处在被边缘化的境地。反映在品牌上，影响力对比悬殊，这不仅是市场竞争的结果，还有深层次产业方向的问题。故有人提出，"发展汽车不是让国外汽车跑遍中国，而是要让自主品牌汽车跑遍全世界"。

所以，每次北京车展所产生的反响，除了对新技术和新车型格外敏感，产业方向和技术趋势也备受关注。难以否认，在这方面，自主品牌与外资品牌依然存在较大差距，尽管从纵向看我们进步不小，但横向比确实难以乐观。

以这样的视角看北京车展，寄希望于新的格局呈现并非仅限于汽车产业界，整个社会都在密切关注。因为汽车关乎国计民生，涉及社会方方面面，已经影响到普通人的生活和国家形象。

车展是最立体的竞争

就北京车展而言,它不单纯是车展,还被赋予很多期待,至少有"风向标""未来走向"等。国内外汽车厂商对北京车展的重视程度并不逊色于国际上的五大车展。大众、通用、丰田早就把北京车展当作"A级""重要""最大"车展。国内汽车厂商更是把北京车展当作主场,体现汽车产业发展和产品成果的重要舞台。

故有人把北京车展比作为汽车界的擂台,或饕餮大餐、文化现象等。不管怎样,北京车展现已发展成具有权威性的国际车展,这是不争的事实。自1994年北京召开国际家庭轿车研讨和展示会后,就奠定了北京车展的地位。由此,从一个单纯的汽车技术与工艺装备展览会转变为综合性的国际车展,其气势和规模一年比一年大,与中国汽车产业的发展壮大同步而具有象征性。可以说,北京车展记录了中国进入汽车社会的全过程。

回顾历史,北京车展经历了从单纯车展到生活方式的转变,再到车企实力的暗战和战略意图的表达。这里既有庙堂名分的争夺,也有江湖地位的博弈,更有市场意识的渗透,以致发展到今天这个完全商业化的车展,从中能够看到中国车展的蜕变和转型,为研究中国汽车业改革开放的历史提供了鲜活样本。

如今,车展不仅演变为有"庙会"的功能,还有武林大会的气势,但最为重要的则是市场格局的呈现。从观察角度看,车展又是汽车竞争表现最为立体的竞争(产品、技术、品牌、战略的表达)。有人把这种竞争比作为"没有硝烟的战场",其激烈程度,从车展前夕就已拉开,名目繁多的"之夜""论坛""首秀""发布"等,由场内打到场外,加上媒体助阵,好戏连台,眼花缭乱。有道是,外行看热闹,内行看门道。以往的经验告诉我们,北京车展是定调性的车展，从中能找到一些感觉和方向。

二三线豪车表现精彩

毫无疑问，2014年值得关注的看点除了SUV，紧凑型轿车和新能源汽车成为亮点，而属于二三线的豪华轿车以新的姿态集体上阵叫板ABB（德系三大豪车），看来是新的热点。其中，自主品牌自然是大家最关心的焦点，这也是此次北京车展反映主场实力的重点。

从十几款新车首发阵容来看，SUV占了很大比例，紧凑型轿车较少。同时，合资品牌较多，这说明在对市场的预判中，合资企业对竞争最为激烈的轿车主体市场十分重视，尤其在轿车的小型化上，价格下探和年轻化力度在加大，与自主品牌的单一化思维形成较大反差。

随着沃尔沃中国制造的全面铺开，以及路虎和英菲尼迪国产步伐的加快，新一轮汽车产品升级由原先的中高级过渡到二三线豪华车已成定局，这不仅将打破长期以来以奥迪、宝马、奔驰为主的豪华车市场的格局，还将带来汽车消费新的变化。

此外，尽管新能源汽车有很高的热度，但反映在商品力上，依然是处在观望的状态，无论是外资还是自主品牌，大家都在试水，蛋糕诱人却并不好吃，最终都要由市场说了算。

因此，尽管2014年北京车展上的新能源汽车很热闹，但秀的成分比较大。因此，这不仅事关汽车技术竞争的突破，还有产业方向的定夺。

不难看出，2014年北京车展将多向度呈现汽车，汽车展已不单纯是对市场的表达，还有技术和文化的暗自较劲，一方面反映消费的升级和市场理性的回归，另一方面对于未来新技术的突破已不局限于传统技术，大家都在为汽车的革命积极作准备。

(首发人民日报《民生周刊》| 2014年第9期)

辑二 知中之境

中国能否迎来小车当道时代？

颜说："得小车者得天下"，这是不少车企的成功秘诀。成熟市场必定是小车为消费主体。

VOL.18
论"小车"

2014年5月，上海大众和广汽本田分别在成都和上海高调推出新款波罗与第三代飞度，起售价都在10万元以内，市场目标都锁定在了年轻人身上，确切地说是85后的新生代。这是继致炫隆重上市之后，对小车市场发起的又一轮新的冲击波。

在小车意味着"低端""没气派""不上档次"等消费观念被普遍左右的今天，汽车能否摆脱被当作标签和符号消费的惯性？小车能否重新唤起国人对"公民车"的认知？小车当道时代真的会来临吗？

小车敲开家轿之门

如今提到波罗和飞度已不再陌生。但在十余年前，人们对于它们的认知还只是停留在高价小车的概念，问津的人并不多，甚至有点远离。在同时代问世的小车中，也许只有这两款小车颇具代表性地坚持下来，终于修得正果，开始被市场和消费者所认同。

在跨入21世纪之前，有关轿车进入家庭的讨论曾经延续多年，在较长的时间内争论不休，直到"十万元家轿"赛欧在2000年上海工博会亮相之后，才一锤定音，终于敲开了中国家轿的大门，如春潮涌动而来。

有人把它称为"中国汽车元年"的小车代表。当时媒体对"汽车元年"是这样描述的——梦与非梦的分野。每个国家都有自己的"汽车元年"。所谓"元年"，就是指"轿车进入家庭"。

在赛欧尚未问世之前，国人对于轿车的拥有被当作难以企及的"梦"，甚至不敢与家庭消费联系在一起，尽管早在1994年国家颁布的《汽车工业产业政策》中已经明文规定"鼓励个人购买汽车"，释放出"汽车消费"的概念，但是，依然抑制不住人们的质疑，最终还是引发了一场有关轿车进入家庭的"全民大讨论"。

同年，原国家机械部还在北京召开了"当代国际轿车工业发展与中国轿车工业发展战略技术研讨及展示会"，后来被业界简称为"国际家庭轿车研讨会"而载入史册。

在这样的背景下，从各国发展轿车的经验和历史中受到启发：汽车消费无不从小型车入手，汽车产业又无不以家轿作支撑发展壮大。于是，家轿诱惑中国，掀起了比以往历史上更为广泛的"造车运动"，涌现出各地造小车（微型家轿）的风潮，以为装上四个轱辘就能跑，价格便宜的车就叫家轿，结果难以让市场接受和社会认同，尤其是那些非主流的车企生产的家轿长期以来被人诟病，不仅是因为"模仿秀"和粗制滥造，还因对家轿的认知缺少常识和应有的技术支持体系。所以，赛欧横空出世无疑是对家轿准入提供了颇具权威的参考，尤其是挂有别克的LOGO，其意义非同一般。

2012年，在上海国际车展上展出的赛欧、派力奥、波罗，成为人们关注轿车进入家庭的热门小车。此时的波罗被媒体形容为"高价小车",叫好不叫座,把不少消费者挡在了门外,而此时的赛欧正炙手可热,派力奥"高性价比"则被市场看好,认为是未来小车中的一颗明星。

小车起落谁主沉浮

飞度尽管进入中国比波罗晚,但它时尚与精致的工艺,加上有雅阁的铺垫,消费者对于这款小车的接受度还是比较快的。当然飞度价格不低,阻挡了不少首次购车者的脚步。从销量看,飞度10年累计销售了42万辆,波罗12年累计销售了110万辆。不管怎么看,这两款车的品牌价值在跌宕起伏的小车市场中始终坚挺,并没有受制于市场大起大落的影响,牢固地守住了自己的阵地。其深层原因不仅是产品本身,还有企业整体实力的支撑和营销投入。

十余年过去了,回顾同时代小车,问世的层出不穷,能主沉浮的并不多,有的不是自行消失了,就是从第一阵营中出局,甚至有的还重起炉灶,卷土重来,起起落落,能坚持下来保持产品形象,看来都是经得住市场检验的品牌车。

客观上,这与消费理念和消费环境不无关系。尽管大家都知道家轿的入门车应该起步于A0级小车,或者说是微型车,但事实上,不少首次购车的群体还是把目光停留在了A级车的起点上,即所谓的中级车。"贪大求洋"的消费理念依然顽固地占据着汽车消费的主体,表明"面子消费"的水分尚未挤干,需求存在着很大的泡沫。

历经十年努力,小车市场还不到50万辆,相对于中高级车市场,连零头都不到。这正好与汽车发达国家的汽车消费相反,尤其是与欧洲和日本,形成很大的反差。

毋庸回避，在小车意味着"低端""没气派""不上档次"等消费观念被普遍左右的今天，不少人还是把汽车当作了社会属性的标签和符号在消费，并没有真正地回归于代步和便捷的出行方式或实际需要，甚至鄙视小车。尤其是不少车企尚未意识到小车是公民车的基础，没有上升到国民车的认知，一味地倡导和打造"成功""精英"人士的座驾，从主观上要让小车成为汽车消费主体看来有一定的难度。

回归常识小车当道

所谓小车，多数以两厢为主。随着汽车消费群体的下沉，由"大"变"小"，已然成为个性和时尚消费的趋势，开始突破以单纯的家轿消费走向个体的消费，逐渐摆脱功能性、包装性的标签化虚荣，正走向实用和民生化的内在需要。

而今，两厢车普遍被接受的事实已经在表明消费的理性开始回归常识，即小车当道应是汽车消费的主体正在得到社会的认同：有利于城市出行，不仅有益于环保，还是对道路资源的节省。

现在回过头来再看小车三厢式的盲从与跟风，不仅显得幼稚，还有点不伦不类的滑稽。这种懵懂和青涩的消费观扭曲了汽车的审美和驾乘的实用性。比如，在原型两厢车加上个"尾巴"，满足三厢式的心理需求，在今天看来感到好笑，但在十年前却很流行。这就从一个侧面反映了重物质化消费尤为突出，这就助长了汽车消费求大求气派，攀比成风。故有人把这种现象比作"有钱的穷人"或"富而不贵"现象。

所以，在汽车消费走向成熟的今天不得不重新梳理对小车的认知，审视其现实意义很有必要。波罗和飞度之所以能坚持下来，可以从两个层面给我们启示。首先是顺应了民生的需求，前者累计销售了1000多万辆，后者累计销售了500多万辆，时间分别长达近40年和30余年，几经换代，历久弥新，深入人心，创立了品牌价值；其次，对于小车的坚持不仅是为了扩大市场的基盘，而且都被上升到"战略车"的高度来认识，无论是对技术的更新还是市场的拓展乃至营销手段的变化等，始终贴近市场在引导消费。

从车企竞争来看，"得小车者得天下"，这是不少车企的成功秘诀。从消费趋势看，成熟市场必定是小车为消费主体。因此，重新认识小车在当下具有现实意义。

（首发《第一财经日报》｜2014-06-05）

自主品牌基因重塑的"雕刻时光"

颜说：从"模仿秀"起家的吉利到"想修车买奇瑞"的拿来主义，再从"小红旗"奥迪到"小宝马"骏捷的进化，自主品牌正在发生裂变，意识到通过正向开发，从研发思路和方法及路径中找到并建立自己的"DNA"才是车企发展的正道。但这个基因重塑的过程，需要一段漫长的"雕刻时光"。

VOL.19
论自主品牌

穷爸爸，富爸爸

最近，奇瑞汽车在上海发布了一款新的战略车型艾瑞泽7，被看作奇瑞品牌的新形象，定位在竞争最为激烈的A+级市场，针对的竞争车型是一汽大众速腾。发布会上，奇瑞汽车董事长兼总经理尹同跃说，"我干汽车29年，到今天我们敢说会造车了"。

无独有偶，几乎是在同一时间，广汽传祺GA3以战略车名义在广州番禺下线，竞争车型瞄准的是长安福特的福克斯。在新闻发布会上，广汽乘用车总经理吴松说，此车是具有国际水准的中级车，但其定价将不赚钱，目的是建立品牌形象和口碑。

尽管都是自主品牌，但战略思路和技术路径却有不同，出身背景也不一样。尹同跃在总结这几年奇瑞发展的失误时坦言，"根本原因是不够冷静，犯了贪大求全、急于求成的错误，过于追求速度和销量"。

而吴松则没有这样的沉重，更放言要与合资品牌叫板，而且信心满满。他说，买传祺不会后悔，品质和性能有保证，而且价格要比合资产品便宜30%。他将之上升到战略高度说，没有合资就没有广汽，没有自主就没有广汽的未来。

这是目前两种代表于自主品牌的不同心态，是典型的"穷人在赌命，富人在玩票"。为什么这样讲？前者是心中无底的硬闯；后者是有明确目标的投入。一个是以逆向开发靠低成本准入，一个是以正向开发高门槛踏入，表明他们起步于不同的起点，分属不同的阵营，在战略思路的确定和技术路线的选择上截然不同。

以奇瑞为代表的自主品牌完全是靠白手起家，从仿制设计，即所谓的逆向开发起步，没有技术后援，备尝艰辛，屡遭质疑，磨难不断。不仅遭受合资品牌的打压，还碰到了合资自主品牌的"追杀"，同时又与"正规军"（汽车大集团的自主品牌）发生冲突。

而作为自主品牌后起之秀的广汽传祺，是继三大集团（上汽、东风、一汽）涉及自主之后跟进才5年多时间，但在自主品牌中名声已经崛起，市场认可度正在建立。应该讲，传祺属于有大集团和合资企业背景下的自主品牌。依托雄厚的财力和合资经验以及开放的视野，起步时就与国际对标，在制造质量上向合资产品看齐。尤其是在制造体系和研发能力上被质疑的声音并不大，市场认同较高。

自主品牌裂变：正向开发重塑DNA

这是两种不同的竞争姿势。市场反映也有所不同。在自主品牌的阵营中，"正规军"的优势正在发力，受到的关注度越来越多。而传统自主品牌正面临转型升级、可持续发展的战略选择期的紧要关头。

尹同跃是从一汽大众出来干自主品牌的勇士，摸索了这么多年才敢说，"奇瑞现在会造车了"。这就是说，纵观目前的自主品牌还仅停留在自主造车层面，并没有完全进入自主创新的自由层面。这种清醒，正如尹同跃自己总结的那样，"老百姓买得起，我们做到了；但由于内部资源支撑不够和对外部市场的判断失误，粗放经营造不出好车，我们的多品牌战略被市场证明走不通，产品品质、品牌塑造和单车利润等方面都不甚理想"。客观来看，这不是个案，而是传统自主品牌的通病和顽疾。

这样的反思值得欣喜。自主品牌在经历了十多年跌宕起伏，没有很大突破的原因终于被点破，问题的症结也被揭示。即便是现在"正规军"的自主品牌也在不同程度上受到舆论的质疑和市场的考量，但人们并不怀疑他们的制造能力，而是纠结他们的技术来源和产品的纯正度。这样的要求是否有点苛刻或者说标准过高了？

其实不然。来自市场和消费的综合调研显示，大多数人在购车时，首先选择的是品牌，而后是产品（性价比）比较，再是考虑售后服务等。从这样的需求梯次中不难看出，无论是消费层次和市场细分，都在发生很大的变化。自主品牌面对的市场竞争已不局限于单一的产品竞争，还有品牌和服务等。现实的市场竞争表明，光有逆向开发跟不上市场的需求，满足不了消费者的期待，也做不好品牌。

所以，通过正向开发，从研发思路和方法及路径中找到并建立自己的"DNA"才是车企发展的正道。实践证明，以三大汽车集团为代表的自主品牌在很短时间内就打响了自己的品牌，其重要原因就是它们的产品是建立在"正向开发"的基础上，以"体系能力"的呈现被市场所认同，被消费者所接受。其突出的共性是，都十分重视品牌的打造和体系能力的建设。

从"模仿秀"起家的吉利到"想修车买奇瑞"的拿来主义，再从"小红旗"奥迪到"小宝马"骏捷的进化，自主品牌无论是产品形象还是产品性能都在蜕变，尤其是从奔腾、荣威、风神到传祺和绅宝，包括红旗重出江湖的"正规军"介入等，自主品牌正在发生或已经开始裂变将是不争的事实。

这是个怎样的裂变？一个以合资成果（经验）和技术反哺自主车企所构建的自主品牌正在形成自己的体系能力并趋于主流。这是有别于以往传统自主品牌的分水岭，不仅在产品制造上可以与合资产品匹敌，而且在研发能力上也可以与合资品牌叫板。

比如，以荣威和红旗为代表的中高端自主品牌正以跻身主流汽车之列被市场所认可，尤其是在中低端市场，自主品牌与合资品牌业已在汽车市场中形成三分市场（进口、合资、自主）有其一的竞争格局。像传祺GA3这样的车型，在产品设计上与国际审美和流行元素接轨，在产品性能和消费需求上都契合年轻人的诉求，而价格下沉更趋亲民，颇有市场吸引力。这既有一线市场抢眼的魅力，又有二、三线市场的诱惑。同样，奇瑞在经历了市场洗礼和企业动荡之后，终于从"孩子多了好打架"的粗放经营中醒来，回归到"一个奇瑞"品牌思维下重新调整战略再出发。

这是一种进步。自主品牌经过十多年的发展变化和历练，可以从"逆向"开发到"正向"开发中看到已从懵懂走向成熟；从单一的拿来到资源整合，知道了如何构建自己的体系能力，完成了从"贫血"到"造血"的过程；如今，从卖产品中意识到做品牌的重要性，在竞争中学会了竞争，并以全新的思维和姿态在迎接一个自主品牌裂变的历史转折已经到来。

(首发《汽车商业评论》| 2013年9月刊
原文标题《自主品牌在裂变》,有删节)

学生设计的汽车有价值吗?

颜说: "我们可喜地看到,获奖作品具有现代思维的创新意识。"作为此次大赛评委之一的中央美术学院交通工具设计系主任王选政在接受采访时表示,学生设计的作品最大的特点就是具有前瞻性,敢于想象和突破,问题是,他们的作品很难落地,有着天马行空的特点。

VOL.20
论汽车设计

2015年10月6日,第三届上汽"荣威·MG杯"国际大学生汽车设计大赛在上海落幕。随之获奖者曝光,企业也从中受益并走到了聚光灯下。而这些学生设计的汽车有价值吗?这也就成了我此次采访的关注点。

汽车厂家举办汽车设计大赛在国内外都不算什么新闻,谈到有无影响几乎很少。不过,上汽乘用车凭借一己之力连续举办三届,这倒是产生了一定的影响,这在业内外还不多见。据了解,国内外知名车企和艺术院校都参加了。通过这样的赛事,这已成为行业和社会关注的比赛,出乎我的意料之外。现已超出比赛本身,大有选拔设计人才的擂台。

"我是第二届的获奖者，现已在上汽设计部门工作。我的体会是，现在才感觉到实现自己设计汽车的梦是越来越近了。"Y对我说，他已参加新车型设计，感觉不是梦，而是真实的产品正在上路。作为上汽车身设计部总监的邵景峰说，2014年获奖者中有7位进入了上汽设计部门，他们表现不错，正在成为上汽设计的有生力量。

"我们可喜地看到，获奖作品具有现代思维的创新意识。"作为此次大赛评委之一的中央美术学院交通工具设计系主任王选政在接受采访时表示，学生设计的作品最大的特点就是具有前瞻性，敢于想象和突破，问题是，他们的作品很难落地，有着天马行空的特点。

事实也正是如此。比如，本届获得一等奖的作品是个带有科幻色彩的赛车。从播放的片子中看到，这个设计先脱胎于昆虫的仿生，后又演变为人滑滑板的动态姿势，车头与车身可以分离，但互为一体，想象神奇，却并不离谱。设计者是个23岁的东北女孩，顽皮的脸上单纯而活泼。"这是给'单身男士'设计的。"她在接受采访时说，我给这款车赋予了帅气、科技感和智能化。很显然，这部作品是女孩心目中的"白马王子"。

有趣的是，获得二等奖的一部作品居然是个"头盔"造型，专为年轻情侣设计的，支撑灵感的是数据化白领体型的定制。而获得二等奖的另一部设计作品的灵感则是来源于"衣领"和"龙阳梯田"的启发。获奖者对我说，他的想法是挑战特斯拉。尽管他诠释了不少想法，但还是觉得他的超前意识更多的则是动漫的天真，充满了未来感，十分可爱。

看得出，这些都是命题设计——"智绘未来"，选手们竭力想表达互联汽车的形态和生活。在外界看来，这是个收获颇丰的大赛，至少检阅了当下国内外汽车设计教学的成果；其次，主办方意外地得到不少想法和创意；再次，企业为此获得的无形资产要远胜于比赛本身。从本届起，大赛评委还邀请到世界著名汽车设计公司的设计专家和知名设计师担任，为大赛的公正性、权威习惯、国际性、专业性作了注脚。

从20世纪90年代开始，先由国外汽车公司与中国高校联手举办汽车设计比赛，后又有国内车企与行业相关部门组织汽车设计比赛，风风火火从没有停息，却又总是虎头蛇尾，未能坚持下来。而"荣威•MG杯"连续举办了三届，一届比一届火，尝到了甜头，正在走出企业思维，面向行业和社会，呈现出可喜的一步。

"吸取年轻人的想法和看问题的视角，体验他们的新鲜感觉，这是举办比赛的真正意义之所在。"内行人这样告诉我。但在现场，企业更多的还是发现人才，求才若渴。事实上，这是个多赢的举措，至少以不大的投入获得了不少的想法，这是关在家里搞设计的人所不能想象的。当想法成为当下稀缺资源时，谁也没有意识到需要尊重想法的时代已经来临。

自主汽车要想自信，首先得从设计自信开始。中国汽车的未来就在这些年轻的获奖者身上，他们才是自信的理由和希望。企业没有眼光就没有未来，举办汽车设计大赛就是有梦有未来的最好表达，相信这是中国车企自信的开始。

（首发微信公众号"汽车有智慧"｜2015-10-08）

全新君越能否叫"国货"?

颜说:全新君越上市所释放的最大亮点是"和而不同"的设计理念,由此形成的国际化风格令人耳目一新。这种蕴藏在背后的文化自信,使得这款车给人以足够的自信和自豪。这种印象,不是简单的用数字数据和性能指标作比较,也不是以理性的对标和试驾作分析,而是综合文化、意象和感觉的直观,对品牌力的信任。

VOL.21

论"国货"

第三代君越在广州上市的时候,我一直在思考这款车代表了什么?从品鉴到上市,这款车给我留下的印象就是"力量"。为什么这样讲?

首先是这款车的造型,沉稳大气,具有独创的元素和神韵,代表了上汽通用对高端车的理解和解读,经得住时间的检验,而且不拘泥于风格的局限,是用国际化的审美和需求在预测未来。

其次是品质的质感,精致细腻,在驾驭现代先进制造技术上十分娴熟,无论是标准还是要求,堪称世界一流,而且体现了豪车的尊贵感。

再次是配置的智能化,拥有现代汽车移动便利和舒适性的全方位关怀，应有尽有，并考虑到人性化的操作和周到，呈现出科技与艺术结合的最新时代审美诉求。

这些由内至外的体现，再由设计所传递的情感，以及整体营造的视觉冲击，就车而言，可以说毫不逊色于世界顶级造车技术，当之无愧地站在了一个时代的高度。这个评价早在别克国产下线时，汽车专家就有定论。十多年过去了，现在回头看，上汽通用的造车技术日臻完善，精益求精，其造车理念和思维更加成熟，自成体系，可谓大器天成。

谈到君越，如果不提别克就会有断层。众所周知，引进别克是为了"以产顶进"，挡住每年进口10万辆高端及豪华车缺口的项目。意义不凡，但也并非替代进口那么简单，而是旨在改变长期以来汽车产业停留在制造中低端汽车的现状，激活产业，提升能级，促进发展。此举，今天回过头来看，可以说是迈出了助推中国汽车产业起飞的重要一步。后人是这样评价的：没有别克就没有帕萨特。

这就是一种"力量"。它的示范意义就在于：终结了把落后产品拿到中国生产的历史；开创了汽车原创研发合作的先河（即中国合资自主的先驱）。重要的是突出了合资企业自主与发展的动力，释放了内在的活力。相对于以往和现在的某些合资，从单纯的汽车制造开始转向提供营销和服务。这样的变化，意味着时代的转折。外国媒体是这样评价的："中国在通向汽车大国的序幕已经由上海（汽）通用拉开了序幕。"

事实上，自上海别克诞生起，中国汽车就有戏了。《人民日报》高级记者林钢从现实与历史的角度分析，曾用前瞻眼光撰文指出："希望在别克。"在这位老记者看来，桑塔纳历时三年时间国产化率还不到2.7%，到1991年国产化率才刚到70%。而别克投产就达到40%，三年就到达80%。以至于桑车国产化一度上不去牵动了全国的神经,中央派朱镕基亲自来抓才有了转机。相比较,别克的起点和速度令世界瞩目,是中国第一个声称不惧"入世"的汽车品牌,被誉为世界级的产品和世界级制造的典范。

所以,如果说上汽通用后来居上是源自别克,那么,实力、研发和体系才是背后重要的支撑。这与同时代的中高端车相比(包括企业的综合实力),别克之所以被举国上下认可,就是它代表了货真价实的国产,高投入的力度和开放的胸襟,站在了一个时代的新起点上,展示了向上的力量。尤其是在美国通用公司面临破产危机的关键时刻,上汽通用成了中流砥柱,并以力挽狂澜的形象赢得了中外汽车界的尊重。这是何原因?

"从第一代君越起,上汽通用就开始了产品研发的原创。"

美国通用汽车公司原董事长兼首席执行官瓦格纳曾高度评价与上汽通用配套的研发中心"泛亚"。在他看来,"这才是上汽通用决胜天下的法宝",并认为,这是走向中国汽车工业制高点的底气。在业内看来,"泛亚"就是上汽通用的研发机构,从麒麟到鲲鹏概念车,再从凤凰燃料电池车,以及赛欧、君威、凯越等一系列新车型源源不断地走向市场,上汽通用实际上是在扮演引领中国汽车市场急先锋的角色,掀起一波一波热潮,走在了汽车消费的前列。给外界留下了上汽通用会营销的印象。无数案例显示,上汽通用是在用产品预测未来,输出自己的文化和理念。从"全民理想家轿"(赛欧)到"11度青春"(科鲁兹),再从"梦·创未来"(雪佛兰)到"不同凡想"(君越)等,为每一个细分市场叙述了一系列的故事,与时代同步不断打造出新的消费形象。可以设想一下,如果没有营销的理念,这样的文化和理念如何导出?这些生动的故事又如何编撰?而这一切都离不开产品,离不开对市场的洞察,离不开对未来的判断。

那么,第三代君越又将给我们带了什么?

毫无疑问，未来中高端车向准豪华提升将是趋势，其智能化和高级感也已成为基本的要求，尤其是工艺的精致与豪车将会趋同，除了性能配置的同质化，显然是看文化和风格的不同。所以，全新君越所释放的最大亮点就是"和而不同"的设计理念，由此形成的国际化风格令人耳目一新。这种蕴藏在背后的文化自信，使得这款车给人以足够的自信和自豪。这种印象，不是简单地用数字数据和性能指标作比较，也不是以理性的对标和试驾作分析，而是综合文化、意象和感觉的直观，是对品牌力的信任。

在这方面，全新君越做到了。这是"国货"，而不是国产的概念。这样的提法未必成熟，但这是事实。如果全面考察这款车的设计和制造，就不难发现，这是含有中国审美文化的国际化产品，摆脱了产地和地域的概念。就连国外同行都认为，这是一款非常优雅的车型，带有国际范的风格。三代君越的研发和设计全都出自中国人的手笔，他们由年轻走向成熟，再由成熟变得老道。

这是一件令人欣慰的事，说明上汽通用通过合资达到了预期目标，真正做到了由制造到设计的全部自主，并走向了国际，成为一个受人尊重的有力量的汽车公司。

(首发微信公众号"汽车有智慧"｜2016-03-29)

广本还在"闷声发财",雅阁的本事是什么?

颜说: 历史就是这样诡异,一个车型能成就一家企业,也能毁掉一家企业,问题是它能否树立让市场信赖的品牌。雅阁成就了广本,标致毁掉了广标。广本因雅阁羽翼丰满,衍生出飞度、奥得赛、歌诗图,还将有SUV和讴歌,雅阁依然是广本坚挺的品牌支柱。

VOL.22

论雅阁

2016年3月19日,全新雅阁在家门口上市。8款车型,两个版本(发动机),价格区间是:16.98~23.78万元。值得关注的是,作为为即将开打的新市场埋下的伏笔,广本同时推出了雅阁混动版作为新车上市的压轴,暗示了丰富的内涵。

与所有新车上市活动不同,雅阁上市仅用了半小时,简短、明确、紧凑。在声光电的气氛烘托之后,就是致辞、新车介绍、价格宣布。这种风格不仅代表了高效,还意味着精准,反响热烈,余音缭绕。

这种玩法,没有仪式,只有风格,说明了什么?

雅阁的"优势"能掀起多大市场浪花？

从价格上讲，与十年前相比，雅阁售价降了10万元左右（最高售价为35万元）。从性能上讲，雅阁跨上了高性能和智能化的台阶，要比以往的车型先进得多。从市场竞争上看，雅阁的最高售价接近竞品车的起售价，显然瞄准了消费者的接受度。从外形和配置来看，无论从什么角度看，雅阁对审美和需求有了新的解读与迎合。

我不敢说这些"优势"能掀起多大的市场浪花，但有一点可以相信，每一代雅阁都做得很用心，不缺"粉丝"，也从来没有失过手。这种与时俱进的"进化"，始终将对需求的敏感转化为产品力的提升，在我看来，这是雅阁的本事。

雅阁九代40年，拥有了全球2000多万用户，被称为世界车。进入中国17年，也拥有180余万用户，成就了广本的崛起，给一个城市重拾造车的荣光提供了自信。

追溯雅阁的脚步，有不少可圈可点的亮点。雅阁在华开创了4S店的营销模式，创下了单车利润最高的奇迹，是保持企业持续稳步发展的典范。尤为重要的是，雅阁首次改变了汽车消费的走向（由公车向私车改变的开始），成功奠定了中国中产阶层第一车的地位。

郁俊：广州是全国的广州，从来没有歧视过外地车

全新雅阁上市发布，为何时间这么短？

郁俊的回答很简单，"我们是让产品说话"。事实上不会这么简单。兵家开战从不墨守成规，而是相信直觉和胆识。隐藏在背后

的王牌不轻易出手，这才是关键。

广州现在成了"福地"。全国不少新车发布都选择了广州（深圳），广本是否对此感到有压力？郁俊这位营销出身的中方一把手颇为大气地说，广州是全国的广州，从来没有歧视过外地车。他说，我们不怕竞争，这倒是对我们的促进。

虽然这是客套，但郁俊的自信有底气。除了颇具竞争力的全新雅阁，同台亮相的"混动雅阁"让人眼睛一亮，其在海外的名声就像当年引进这个品牌一样，先声夺人，使内行人看到，这是雅阁即将祭出的利剑，会在混合动力市场上与丰田一决雌雄。

广本还有"闷声发财"的惯性

如果用无声胜有声来点评"混动雅阁"的现身就会发现，在产品技术上，广本的直觉始终在提醒竞争者，它的敏感除了有明显的市场目标，还有"闷声发财"的惯性。不管这是思维还是低调，现在则不同了。

从对郁俊的采访中了解到，接下来广本会有大动作。首先，会抢在北京车展之前，在京举办一个品牌日活动，旨在诠释其新的理念和主张，也要造势了；其次，会宣布"混动雅阁"和首款大型SUV问世的时间表；再次，接受讴歌国产后的行动计划也将浮出水面。可想而知，这一套组合拳一旦挥出，广本还是那个广本吗？

在日本，有"本田的技术，丰田的服务"之说。想当年广州重新选择新的合资对象时犹豫过、徘徊过、彷徨过，甚至举棋不定过。对于广州而言，不能再有闪失，否则就没有翻盘的机会了。而从内行人来看，广州没有很好的汽车工业基础，自古以来就是个以干商贸为主的城市。当时舆论对广州重砌炉灶并不乐观，连他们自己也信心不足。

"新广州轿车项目"往事

在我的印象中，标致退出，有多家国外汽车大佬看中这个"机遇"，其中叫嚣最厉害的就是通用，一度放出风声，"广州要引进欧宝"，搅得满城风雨，志在必得。此时，惠州熊猫项目和南方汽车走私及非法拼装猖獗正陷入舆论关注的焦点。现在看来，选择本田是明智的，也是稳妥之举，但当时本田也在犹豫。权威人士透露，如果没有二汽（东风）的力挺，本田也不敢贸然下赌。于是也就有了在广本总部黄埔大院里多了一家东风本田发动机有限公司。官方称，这是两家共同组建的"新广州轿车项目"。所以，在广州新轿车项目中，二汽成了不露面的影子，直到东风本田汽车项目落地武汉才从后台走向前台。

然而，正因为这权宜之计，使得广州，确切地说是广汽，在汽车制造上获得了翻身的机会。而本田由此意外地由"广汽本田"替代了"五羊本田"，奠定了日系车在广州构筑"铁三角"的第一块基石。

雅阁大卖曾让不少人大跌眼镜

吃一堑，长一智。广本崛起得益于产品和服务。如果我们把目光重新收回到新旧世纪之交的1999年，就会发现，当时出现的三款车型（别克、奥迪、雅阁）代表了不同的理念和思路，同时也代表了不同的企业实力在交手。

别克、奥迪A6、雅阁，三车并立，人称"三剑客"。而当时外界分析并没有看好雅阁。原因是，投资巨大的上汽通用把宝押在了别克上，瞄准的是每年10万辆进口中高档轿车的缺口，被舆论视作最看好的"以产顶进"的车型。而奥迪A6的推出，因奥迪100的组装和被红旗偷梁换柱搞得形象不佳，但对于它的期待，业内人士还是看好，毕竟这是豪车。对于雅阁，认为生不逢时，汽车消费尚未完全走向私有，在一无背景（集团支撑），二无实力（投入不大）的背景下，前景堪忧。

然而，出乎人们意料之外，雅阁大卖让不少人大跌眼镜，甚至使专家的预测落空，颇为讽刺。为什么？他们忽视了广州历来都是日系车的天下，包括家电在内，养成了消费习惯，形成了不小的心理市场。再说雅阁在美国畅销，在国内积累了口碑，使得这款车未上市已经"捂热"，加上国产比进口便宜，一上市就卖疯了。

相对比较而言，此车时尚，又是与海外同步上市的新车型，正中私人用户下怀（不太适合公务车的调性）。尽管当时对雅阁国产的纯正有过不少的议论和猜测，但市场认同，一炮走红，从不愁卖，保持至今。由此，"让产品说话"也就成了广本取胜的秘诀。但他们不忘服务，以4S店的营销模式"绑牢"用户，建立了不俗的口碑。

雅阁成就了广本，标致毁掉了广标

产品+差异化，让雅阁尝到了甜头。尽管全新雅阁打的是"科技让驾驭更尽情"，但同质化难以避免，但让消费者得到实惠和便利依然是雅阁关注的重点，体现在驾驭上，而它的差异化，就看代表未来竞争的"混动雅阁"上。

历史就是这样诡异，一个车型成就了一家企业，也能毁掉一家企业，问题是它能否树立让市场信赖的品牌。雅阁成就了广本，标致毁掉了广标。如今，广本因雅阁羽翼丰满，衍生出飞度、奥得赛、歌诗图，还将有SUV和讴歌，但不管今后如何变化和发展，雅阁依然是广本坚挺的品牌支柱。事实证明，雅阁卖好了，广本的一盘棋就活了。

(首发微信公众号"汽车有智慧" | 2016-03-22)

路虎国产"二孩",你"发现"了吗?

颜说:新上市的国产发现神行,最大的看点就是价格下探。这既是国产所体现出来的优势,也是引发市场关注的热点。经验表明,没有国产,也就没有量,没有量就做不大。做大才会有市场的话语权。基于这一角度观察,有理由相信,路虎国产才会迎来属于自己的春天。问题是,随着价格的下探,豪华特质是否会稀释?品牌溢价是否缩水?文化导入会否偏颇?显然,这些都是消费者所关心的,需要厂家回答和直接面对。

VOL.23

论路虎

2015年10月底,赶在银十的最后两天,奇瑞捷豹路虎第二款新车——发现神行在上海国际会展中心上市。引人关注的是价格优势,起售价下探到30万元价格区间,合资目的初见成效。

用不到7个月的时间,奇瑞捷豹路虎连续推出两款国产路虎——揽胜极光和发现神行。这为中国SUV市场的持续加温无疑又添了一把火。在我看来,这不仅速度,而且是神速。印象中,奇瑞与捷豹路虎合资获批似乎还是昨天的事。不到三年,不仅工厂建成,产品也推了出来。由此改变了奇瑞没有外资车企帮衬的困局,也舒缓了捷豹路虎没有落地的苦恼。有人说，这是两个品牌长期合作发展的对策，也是相互借力的明智选择，但最终未能摆脱殊途同归的生存方式——合资模式。

今天看来，奇瑞选择捷豹路虎还是有眼光的。首先，这是豪车中颇有历史和品位感的品牌，契合当下富而有贵的生活需求；其次，路虎的内圣外王的特质业已奠定了其在SUV市场中的王者地位，被消费者所认可；再次，感性的品牌与功能的体现，使得合作双方都能在此共识上取得互补。

而作为迟到的外资品牌，捷豹路虎能抓住奇瑞也算是赶上了末班车，有了立足的资本和地盘。否则，就是无根的浮萍，在市场上飘着……虽然谈不上"闪婚"，但入"洞房"还是成了不小的新闻。业界震惊的不是合资的方式，而是谁都为何回避不了这种发展模式？人们质疑的不是这种婚姻形式，而是这种婚姻的感情基础。

三年前，当奇瑞捷豹路虎工厂在常熟举行奠基仪式时，媒体已经看出合作双方都把宝押在了路虎上，看好中国SUV市场。尽管在这之前，传闻奇瑞与克莱斯勒的合作意向谈得甚欢，有鼻子有眼，但最后还是捷豹路虎上位。峰回路转，柳暗花明。现在看来，不足为奇，早就成了商业游戏。

很显然，路虎要比吉普在市场上更吃香，有知名度，原因不外乎它是豪车中的SUV，亦是越野车中之王。它在中国被认知，与中国SUV市场的井喷式发展密不可分。记得十余年前，人们提到越野车都会想到丰田霸道、三菱帕杰罗和北京切诺基等。即便是后来SUV初兴起时，路虎还是个陌生的越野车品牌。然而，随着SUV的兴起，人们才真正意识到藏在深山人不知的路虎才是这一领域的王者。

殊不知，在路虎进入中国最初的几年中，它的营销和传播很有限，影响力仅限于口碑。后来之所以被炒起来，炙手可热，原因还是它有皇家血统和专业化生产的背景及市场需求。我曾采访过不少路虎的车主,他们看中这个品牌的原因是豪华、正宗,被当作玩具和身份象征。由此,路虎是纯正的SUV,很快被大家所接受,否则就不会在二、三级城市都能看到路虎。可以说,路虎的辨识度现在已然是高端SUV的代表并非夸大。

在2015年的上海车展上,一位国际知名设计师说,自主品牌SUV多数都受到了路虎的影响,有的几乎是复制不走样。当然,这种现象不只是今天,其实早就存在,遭舆论诟病已经麻木。但从一个侧面可以说明,对于路虎的认可,已经深入到消费的审美、从众的理由。

"你们为何要选择这样的车作为横跨欧亚大陆的自驾车?"

十多年前,我问一对法国老年人为何驾驶路虎"穿越东方"时,他们回答是,"这是最适合长途越野的车,属于全地形或全路况的车"。这对年逾花甲的老人在上海东昌路码头作短暂停留接受我采访时,拿出他们沿途拍摄的照片,证明没有路虎就无法完成此次"远征"并非虚言。

这是我第一次认识路虎。给我留下了连老人都钟爱的车肯定是靠谱的。后来,我有几位朋友也买了路虎,我问他们最多的一个问题,就是这车派什么用场,回答几乎高度一致,旅行。当然,他们的旅行概念一般不是泛指的公路旅行,而是刺激的越野。有一年我应邀参加一个越野车俱乐部的活动,发现大家对拥有一辆路虎还是心生羡慕的眼神。后来的事实证明,在应对复杂路面时,路虎表现不用人担心。无独有偶,最近去了一次海德堡,见一款老式路虎停在一家别墅门前,颇为抢眼。同行的玩车高手告诉我,这才是有钱人的生活方式,有路虎作伴去体验户外运动,那才叫优雅的潇洒。

认知路虎就能懂得发现。这是欧美生活方式中不可或缺的内容,也是一种生活态度。在他们看来,驾驶越野车不仅是为了开阔眼界，也是为了体验征服艰险的意志力，以满足精神放牧的渴望，释放内心能量，寻找新的发现和支点，抵达人生新的彼岸。

然而，拥有路虎真的懂得"发现"？新上市的国产发现神行，最大的看点就是价格下探，这既是国产所体现出来的优势，也是引发市场关注的热点。经验表明，没有国产，也就没有量，没有量就做不大。做大才会有市场的话语权。基于这一角度观察，有理由相信，路虎国产才会迎来属于自己的春天。

问题是，随着价格的下探，豪华特质是否会稀释？品牌溢价是否会缩水？文化是否会偏颇？最终想做成什么样的车企？

显然，这些都是消费者所关心的，需要回答和直接面对。

请问，奇瑞捷豹路虎你准备好了吗？

（首发微信公众号"*汽车有智慧*"｜2015-10-31）

南京依维柯：为何不炫耀不声张？

颜说： 走进南京依维柯，俯首既是历史，触手就是故事。他们的产品都可以称为"传奇"。但南京依维柯从不炫耀也不声张，在平实中显示价值和获得感。过去是这样，现在还是这样。在当下人人都想当"人参"的今天，南京依维柯却甘为"大萝卜"，我觉得格外的亲切，也正是这个时代所缺失的精神。我想，这就是企业的软实力，赢得未来还是要靠精神和文化。这是已经被无数汽车竞争所证明的规律。

VOL.24

论依维柯

在大把花钱做营销的今天，我向来不认为那些曝光率高的车企和品牌做得有多好。相反，世俗气太重，倒是像甩膀子卖大力丸的商贩，是注水的猪肉。尤其是在以销量论英雄的当下，那就很难辨识。其实，内行人心里清楚，谁家是干货还是水货，看牌子就心知肚明。成熟的用户从不去赶时髦凑热闹，而是相信自己的判断和经验。

元旦前夕，何伟国专程赶到南京，为的是要感谢南京依维柯帮了他的大忙。何伟国是中奥体育产业有限公司首席市场运营官，有长达20余年从事体育赛事的经验。他告诉我，2015年环中国国际自行车赛事的后勤保障用车是由南京依维柯提供的。这是历届比赛受到参赛者和组织方一致好评的车辆，为圆满完成这项国际赛事作出了贡献。

"比赛再好，后勤保障没做好，或不到位，都不算成功。"何伟国向我介绍，此次由南京依维柯提供的车辆不但让人省心，而且大家都很满意，连国外参赛选手都说好。这是对他辛苦最好的褒奖。我好奇地问，原因何在？他举例，车辆可靠耐用，宽敞舒适，还专门配备了维修车辆保驾等，全程数千公里跑下来车辆居然不曾发生任何故障，连小故障都没有，这要比以前购买服务放心多了。他认为，重要的是给赛事提高了形象。

令何伟国难忘的是，依维柯品质感和服务让他真切地感受到了"大品牌"的文化与气质契合了环中国国际自行车赛的格调和传递的品位。何伟国说，从20世纪90年代至今，汽车厂家找上门来赞助大型赛事的不计其数，他也见识过不少汽车品牌，对依维柯也熟悉，但从未正面接触过，此次用了之后感触很深。可谓酒香不怕巷子深。

"环中国自行车赛"是继环法、环意、环西之后的第四大国际赛事，其影响力正在持续升温。分析人士预测，未来自行车赛事的前景就像今天的马拉松一样，会迅速普及起来。在欧洲，自行车除了代步功能，最大的益处就是健身。从何伟国提供的数据显示，由南京依维柯提供的25辆厢式客车的赞助所产生的直接广告效应是3500万元，传播效果不仅在国内，还有国外，没有水分，而且分文没花。这在花钱造势盛行的商业环境中令人难以置信。我问这是何原因？何伟国说，还是品牌效应在起作用。据厂家反映，经销商是最大的受益者，一下子提升了品牌的认知度，用户也感到自豪。何伟国说，与南京依维柯合作，我们也受益，不在商业，而在声誉和品牌。

"南京依维柯是有口皆碑的品牌。"在赛车界,大家都知道依维柯是"英雄车",从历届中国环塔克拉玛干汽车摩托车越野拉力赛中,依维柯总是表现上乘、无可置疑,并屡屡获奖。这就使我想起,每次去看汉诺威商用车展时,最牛的货车企业不是展示新车型,而是将他们参加越野赛的"战车"放在最醒目的位置。在他们看来,能参加赛事,并获胜的车辆才是最好的。其中,依维柯货车就是明星。同样,依维柯轻型货车也是国内最牛的。不仅在赛场上再显英雄本色,在安保、防恐、国防、救灾、抢险等重大的事件和活动中都担当了重任。这几乎成了大家熟悉的风景。

在欧洲,生产货车是很值得自豪的事,这不仅体量大,还有技术含量高的特点;同样,开货车在欧洲也是很体面的事。原因是(从用途上看),货车是在"创造文明",轿车是在"享受文明"。以依维柯厢式车为例,可以派生出上百种不同用途的系列车型,如同变形金刚,满足了不同功能的移动需求,成为了"城市经济的平台"。分众传媒的老总江南春曾这样对我说,这种车既是工作车,也是移动的办公室。如果从更宽泛的层面看,除了物流用途,也是移动的共享空间,无所不能。

这个概念追溯起来,还是依维柯率先引入从"短鼻"到"厢式",这不仅改变对轻型商用车的认知,还导入了先进的制造技术和生产方式。在业内人士看来,依维柯在中国成功落地,是南汽乃至整个汽车行业值得骄傲的事——它是靠一厂之力消化了引进技术,实现了国产化,技术难度一点都不比桑塔纳差,但速度要比它快,堪称奇迹。连外方都竖起大拇指,表示敬佩,并主动提出合资。这在中国汽车合资中可谓最提气的项目。实践证明,在南京依维柯中方的话语权始终占有主导地位。从"都灵V"到"超越",都能看到中方的技术智慧和能力在起作用。

南京依维柯是个善于拿产品说话的车企，以口碑赢得信誉。故有人说，依维柯不用不知道，用了就离不了。是的，这一点都不假。从大阅兵到国防用车，再从抢险到保安用车，以及从民用到特殊用途车等，到处能看到依维柯，有人形容，危难时刻和特殊情况就能看到依维柯。一位常驻南京依维柯的军代表介绍："为满足各军兵种车辆装备建设需要，南汽开发了不同轴距、不同车身、不同功率发动机、不同悬架、不同承载能力的越野车，使其系列化，到目前为止，共有60多个品种可供各军兵种选用（包括越野救护车和边防巡逻车等）。"他说，提到南汽和南京依维柯，他们才是中国汽车的脊梁，默默地为中国的国防建设作出了贡献。

"南汽生产的越野军车从直升飞机投下，点火就能开走，这不是神话，而是基本要求。"有人这样回忆说，这是南汽的传统，这是从部队企业"一肩挑"演变而来。2015年底，在部队采购超越800辆依维柯的交货现场，我曾问过前来验车的军代表对依维柯的评价。在他们的眼里，南汽的产品靠谱是不容置疑的，这是用血与火锤炼出来的产品，经历了战场的考验，早就镌刻在了共和国的历史上。所以，有着军车生产历史的南京依维柯，其产品依然保持着军用的血脉；其价值理念依然是顾客至上；其思维意识依然体现国家意志。

走进南京依维柯，俯首即是历史，触手就是故事。他们的产品都可以称为"传奇"。但南京依维柯从不炫耀也不声张，在平实中显示价值和获得感。过去是这样，现在还是这样。在当下人人都想当"人参"的今天，南京依维柯却甘为"大萝卜"，我觉得格外的亲切，这也正是这个时代所缺失的精神。我想，这就是企业的软实力，赢得未来还是要靠精神和文化。这是已经被无数汽车竞争所证明的规律。

（首发微信公众号"汽车有智慧"｜2016-01-10）

面对1000万辆的历史拐点

颜说：面对汽车年产量达1000万辆的历史拐点，不由地使人想起鲁迅在20世纪初论述振兴中华时说过的一句名言："取今复古，别立新宗。"对于今天的中国汽车界而言，此语依然具有振聋发聩的作用。同样，在世纪之交，季羡林说过："从历史上看，社会发展到一定的程度，总会自发形成一个表达大多数人共同心愿的思潮。"当第1000万辆国产车下线之际，"大多数人共同心愿的思潮"就是感慨缺乏真正意义上的国民车。

VOL.25
论汽车产量

2010年10月20日，中国汽车年产量达1000万辆的纪念仪式在一汽举行。中国继美、日之后成为第三个年产千万辆的汽车大国。

这是历史的拐点。1956年第一辆解放牌载货汽车诞生，结束了中国不能制造汽车的历史，到2009年也是在同样的地点，庆贺年产第一个千万辆汽车的诞生，欢呼中国进入汽车大国。这意味着中国在真正意义上被装在了轮子上，驶上了现代化的"高速路"。

我们没有理由不庆贺这样的历史成果，也没有理由不为之扬眉吐气，更没有理由不去回顾与思考。

汽车是中国人追求现代化最具物质化的象征，无论是孙中山，还是毛泽东，都把汽车当作实现工业化的重要"抓手"、一国之实力的体现。改革开放后，汽车更是成为当做驱动经济、奔小康的"推手"，开始迎来了中国汽车业的春天。翻开历史，汽车这个词在中国当代史上出现的频率无不与国运有关。不可回避的是，我们对汽车的认知深深地带着时代的烙印。

　　中国人造车的想法早在20世纪初就有了，并写进了孙中山的"建国方略"里，不见得比西方晚多久。上海出现汽车的时候，距卡尔·本茨发明汽车才15年。而汽车之所以被称为"梦"，是旧中国心有余而力不足的遗憾，留在人们记忆里的是国弱民穷、万国汽车横行的屈辱。新中国建立之后，毛泽东挥手之间，仅用三年就建立起一座现代化的汽车厂，圆了中国人的造车梦。

　　然而，历史如果不把汽车仅仅当作生产资料，而是看作民享的生活方式，那中国汽车的发展历史也许就不会有如此多的折腾和故事。只有当汽车工业被视为国家的"战略产业"，重点产品转移到以发展轿车上时，中国汽车业才真正找到了支撑一个产业发展的巨大动力。这应看作一个大国的转身，一个大国汽车工业的转身。汽车从此在中国释放出巨大的能量，就连整个世界都感觉到了。

　　如今，老百姓拥有自己的汽车已不再是梦。这样的变化对于一个国家和民族来说是巨大的，它不仅体现在国力增强和老百姓的财富增加上，还有人的观念、意识和精神层面。汽车业的发展主要是依赖市场的拉动和需求。当汽车作为消费品进入寻常百姓家后，汽车现代化的概念很快就给老百姓的现代化生活增添了实实在在的质感。由此，以汽车思维为轴心的汽车社会得以迅速生成。

　　这只是近十年来汽车普及带来的变化。这一切都离不开消费对汽车产业的刺激，离不开良好的政策环境。事实上，中国汽车年产量过千万辆并不是新闻，人们闻之并不感到惊喜，这是业界预料之中的事。然而，汽车似乎总是国人心中的"痛点"，即便汽车在今天已成为很多城镇居民家庭的"寻常之物"。尤其是中国汽车人心底里还是高兴不起来，似乎还缺少点什么。因为什么呢？

其实不说，答案大家心里都很清楚。从大国的自尊上来说，我们很难骄傲起来，因为从技术方面来看至今没有一款真正意义上、被大家公认的"国民车"，这是一个汽车大国很尴尬的事。从业态上看，至今还是合资品牌轿车占据着市场主导地位；在产品和开发能力上，主流车企尚未摆脱对国外的依赖，重复引进的现象依然没有缓解。尽管自主品牌汽车有长足进步，但技术含量和品质参差不齐，纷乱复杂，难以形成合力与洋品牌相抗衡。从零部件工业看，大多数自主品牌企业及其产品的主打市场主要还是在售后市场。

面对这样的现状，细看中国汽车年产量达1000万辆，表面的庞大掩盖不住"缺钙"的真实隐忧。最近，权威学者张维迎提出新的观点："30年前，汽车产量是衡量一个国家经济实力的指标，但今天已经不是了。"他认为真正代表国家的产业和技术，是能够给其他产业带来提升作用的技术，对汽车业而言，看来就是新能源汽车。

另外，我们无法忽视这样的事实，汽车出口早就是一种文化输出。尤其是中国当下正处在汽车消费的爆发期，品牌中文化诉求的影响力是久远而深刻的。与洋品牌相比，自主品牌的软肋就在于没有自己的文化诉求。仔细审视一下眼前的市场，所有的汽车都在讲时尚和高贵，玩个性和新奇，但能留下好感的还是外来的品牌居多。这又是为什么？汽车竞争也是文化竞争，这样说并非夸大其辞，而是严峻的现实。文化是有故乡的，却没有国界。但又有谁真正在研究和利用这种奥秘呢？

面对汽车年产量达1000万辆的历史拐点，不由地使人想起鲁迅在20世纪初论述振兴中华时说过的一句名言："取今复古，别立新宗。"对于今天的中国汽车界而言，此语依然具有振聋发聩的作用。同样，在世纪之交，季羡林说过："从历史上看，社会发展到一定的程度，总会自发形成一个表达大多数人共同心愿的思潮。"当第1000万辆国产车下线之际，"大多数人共同心愿的思潮"就是感慨缺乏真正意义上的国民车。

(首发《中国汽车报》| 2010-12-16)

高尔夫GTI，"G"成了玩具，有必要吗？

颜说：让肾上腺素燃烧起来，不能简单地看作年轻的专利，应该是属于不分年龄和性别的所有人的权利。正因为有了这款车高尔夫，它激活了德国人对于汽车的挚爱，使得车轮上的生活不止是代步的拥有和分享，关键是"民乐"，即亦可成为平民百姓的玩具，释放性情和快乐。唯有如此，汽车文化才会有笑声，营造出平等祥和的社会环境。而沃尔特湖成为高尔夫GTI聚会的天堂就一点都不奇怪了。正如陈佩斯所说，"一个没有笑声的社会，人就是一群狼。"

VOL.26

论高尔夫

"每个人心目中都有一辆自己的高尔夫。"

这是第七代全新高尔夫GTI在广州上市所演绎的故事，揭开了这款车为何成为"神车"的面纱。

2015年11月4日夜晚，一个属于高尔夫GTI节日的激情之夜在南沙体育馆盛大上演。新车发布的主题就是让肾上腺素喷发出来。在厂商眼里，高尔夫GTI被简化为了"G"，就连主持人也称这款类型车叫"G"，打出了"竞G场"。

这是一款"神车"。提起它,就想到激情。它也可以解释为,速度的美学,或者说人性快乐表达的"极端"方式。它不属于骑士,但有骑士的精神。这款车自诞生起,注定就是为你而生的伴侣。

从9~15万人的数字告诉我们,高尔夫GTI是迄今为止全欧洲改装最多的类型车。每年一次的"沃尔特湖"的聚会,也就成了"G"的节日。

40年前,当高尔夫取代甲壳虫成为德国的国民车时,汽车作为民有民享的交通工具,业已植入到每个德国人血液里的精灵。人们对于高尔夫的喜爱,就像喂养的宠物狗,有着同样的心灵沟通,情感的融合,跨越了年龄和性别,尤其是"G",让人联想到快乐、激情与速度。潜意识里,"G"代表着年轻、新锐和智慧。

生活若没有爱,就会索然无味,失去动力和重心,堕入平庸,乃至没方向。而这一切需要快乐来激活,引爆内心的渴望,体验欢畅与激情,如江河奔流,大海咆哮。这种快乐的质感,最终以极速呈现,澎湃激昂,填满空隙,有了精彩和味道。当第一代"G"问世时,由于高性能的传奇特质被认知,很快就有了一个俗称,叫"小钢炮",征服了车迷,又送来了一个昵称,唤作"小野兽"。

于是,从民有到民享,高尔夫作为国民车,提供给消费者的不仅是代步工具、生活方式,还有民乐的功能,这就是后来驰名全球的GTI,属于高尔夫高性能车的代名词。但在大多数人的眼里,"G"也就成了玩具,一个有生命的玩偶,人们在尽情享受中感受快乐的纯粹,生活的爱也就不再是抽象的概念,触手可及的存在。

让肾上腺素燃烧起来,不能简单地看作年轻的专利,应该是属于不分年龄和性别的所有人的权利。正因为有了这款车,高尔夫激活了德国人对于汽车的挚爱,使得车轮上的生活不止是代步的拥有和分享,关键是"民乐",亦可成为平民百姓的玩具,释放性情和快乐。唯有如此，汽车文化才会有笑声，营造出平等祥和的社会环境。而沃尔特湖也就成了高尔夫GTI聚会的天堂就一点都不奇怪了。正如陈佩斯所说，"一个没有笑声的社会，人就是一群狼。"

在德国，高尔夫GTI所带来的快乐是生活的笑声，是对生命的感悟和分享。GTI会让人全身心地投入到对速度的追逐中，那是可以把时空浓缩在瞬间的肢体延伸，感受生命体超然的非凡体验。每一代GTI都被赋予了新的精神内涵，如图腾、经典、巅峰等，体现着人的智慧与科技的对话，人文与心灵的互动。"拥有G不是车，而是梦。"

高尔夫有大众汽车的皇冠之称，而GTI就是这皇冠上的明珠。过去我们常说德国人喜欢汽车，以为就是驾驶，其实不然，而迷恋GTI那才是真喜欢汽车。因为速度背后的文化才是持续至今的生命所在。当一款车成为一个国家和民族须臾不离的生活伴侣，或是家庭不可或缺的成员时，它必有文化的共鸣和认同。高尔夫做到了，它已成为德国人的牛奶、咖啡、香肠，可以延续几代人而不被讨厌。GTI属于每个人的最爱，代表了国民对汽车的鉴赏能力和眼界。

极速、操控、性能、科技等关键词，在GTI身上集成也使之成了世人眼里的"神车"。在我们看来是小众车型，而在德国则是大众的玩具。以24万元不到的全新高尔夫GTI上市，也就意味着中国普通消费者也能将这款平民神车开回家。

这就是说，一个汽车民乐的时代将因GTI的深入人心被开启，由消费走向文化。

（首发微信公众号"汽车有智慧" | 2015-11-04）

宝马下沉要井水犯河水

颜说：中国是宝马的第二故乡。屈指算来，宝马1系属于在华的第五款国产车，是下沉最低的车型，更是宝马指望走量的车型，更是宝马在华产品战略的新意图——年轻化。然而，摆在宝马面前的选择是要品牌增值，还是要销量扩张。对三厢1系的评价可以留给专业人士去评析，此举能否赢得年轻人的青睐尚难评判，不过，从格局来看，1系是在井水犯河水，越界竞争，其前景就很难说了。

VOL.27

论宝马

宝马1系价格下沉20万元左右，这在十年前是件不可思议的事。即便是在五年前也不可能。在昨天（2017年2月27日）在上海举办的1系上市发布会上，宝马高层对这款车寄予很大希望，一再强调中国市场的重要性（占宝马全球20%的市场），表示了要抢占年轻市场将是宝马在华扩大市场基盘新的战略意图。当然，最后强调的还是这款车的本土化与众不同，更贴近需求。作为一种行动，宝马全新1系就是针对中国市场开发的全新车型。

对于市场而言，宝马的决策是明智的，动作不能说慢，倒是非常敏锐地捕捉到了商机，也非常务实地适应了正在变化着的中国市场,并清晰地意识到自己的角色转变。借助年轻人喜欢的娱乐综艺节目(火星情报局),同时网上直播上市活动,营造欢乐轻松气氛还是颇有效果。尽管这是小车上市,规格却不低。从慕尼黑到北京及沈阳,宝马系列高管悉数出席,而且以"衬衫党"的形象出现,为这款小车休闲和运动做了相当于"行为艺术"的表达。

我从不认为高管站台是一种仪式或程序,更多的是表达。尤其是像宝马这样的豪车,凡是高管出席都有意思在里面(因车型而有所区别,规格也会不一样)。如果认真观察,就会发现,高管的服饰都很讲究。为了表达对本土化的重视,他们会穿上中西合璧的立领中山装,甚至会换上唐装,有时表达会比中国的土著还要土著。今天,宝马系列高管以"衬衫党"的形象出现,透露的不仅是对年轻市场的重视,关键还俯下身子表示了亲和,意味着豪车也进入了低价位区域,那种端着的时代已成历史。

这似乎又是一个有趣的现象。自主品牌在主攻"十万元家轿"、合资品牌在主攻"二十万元家轿"。这十万元的差距究竟是品牌还是产品?显然,问题是量的稀释远不止是街车造成的世俗,而是豪车含金量在贬值,这是不争的事实。故有人说,现在合资品牌也有点急了。种种迹象表明,他们早就放弃了身价也开始卖产品了。事实上,合资品牌官方价格与实际价格早已不一致了,加价销售的日子成了过去式,倒是自主品牌出现了加价销售的现象。这样的逆转也不能简单地误以为是差距的缩小,应该意识到消费者对于品牌和产品的认知发生了变化。尤其是豪车的神话在逐渐化为平淡之后,豪车们都在自动地降低准入门槛,说明汽车出行由私人标签正在向"工具化"转变,如同互联网大潮来袭,汽车也在归零,有重新来过的可能。

这种洗牌和秩序的重建,一方面是汽车阶层化的打破,另一方面是合资意义的淡出,说明人们对汽车的认知正在趋于理性和务实。不是价格走低,而是消费成熟。宝马新车售价下沉至20万元左右所释放的信息,可以看作豪车市场竞争更为激烈,关乎的不仅是销量,还有地位的争夺。媒体认为,全新宝马1系的价格并没有一步到位。理由是"这是为中国开发的车型"。弦外之音,话里有话。从竞争的角度来看,奥迪3系早就跌破20万元售价。所以,全新宝马1系的价格并没有出乎人们意料,其新闻性有限。

如果从紧凑型运动轿车的角度去观察,我以为宝马新1系真的很符合中国的消费心理(三厢),秉承了宝马所追求的"驾驶极致"。在我的印象中,宝马1系是以两厢为主,怎么会是三厢?这与宝马3系又有何差别?再说,豪车小型化也不完全是今天祭出的新话题,而是城市汽车消费需求的自然选择。对于全新宝马1系以三厢出现,总觉得有点牵强,没有原两厢经典。显然这不重要,关键看需求,就像宝马3系加长,迎合了需求,稀释了原味,但赢得了市场。由两厢变成三厢,表面上看是贴上了"中国版"的标签,实际上是针对中国市场的"定制版"。

从精品小车到豪华小车,一直是汽车厂家关注的基础性市场。事实上,豪华小车在中国一直处于尴尬的境地。在消费上,大男人不买,小女人又买不起。在传播上又不接地气,定位过于"清高",虽不是高大上,但远离烟火气。从菲亚特500到DS3,再从宝马mini到奔驰Smart等,都遇到了一个"高冷"的尴尬。看来豪华小车想走量还得世俗化,不能端着,要学会放下。

从宝马新1系的上市,不难看出宝马对中国市场的了解已经找到了感觉,就像宝马3系上市尽管有杂音,但最终还是被市场所接受。故有人调侃,买标准版宝马3系还得买进口车。如今,由两厢变三厢的宝马1系不缺消费共鸣。厂家认为,这也是为了适应本土化需求的战略调整。重要的是,这也是合资企业中外双方参与设计研发的成果。这也成了合资品牌入乡随俗的路径和融入市场的法宝。

中国是宝马的第二故乡。屈指算来，宝马1系属于在华第五款国产车，是下沉最低的车型，更是宝马指望走量的车型，但也是宝马在华产品战略的新意图——年轻化。然而，摆在宝马面前的严峻选择是要品牌增值，还是要销量扩张。对三厢1系的评价可以留给专业人士去评析，此举能否赢得年轻人的青睐尚难评判。不过，从格局来看，1系是在井水犯河水，越界竞争，其前景就很难说了。

(首发微信公众号"汽车有智慧" | 2017-02-28)

保时捷在华是靠什么火起来的？

颜说：把SUV当跑车卖的保时捷在中国是在挂羊头卖狗肉，兜售的是没有灵魂的四驱车。赚得盆满钵满，暗中窃喜，还自以为是，却把真正的品牌价值在中国稀释或丢弃。当SUV成为一种时髦的概念时，殊不知，在专家眼里，这是"利己不利人"的车型，即便在美国也遭诟病，但在中国却能盛行而无人质疑。尤其是卡宴，成了"德不配位"最典型的车型之一，成了新富豪追逐的标配。有趣的是，1994年保时捷还专门为中国设计过一款C88家轿概念车，想以此进入中国，现在看来不免幼稚。

VOL.28

论保时捷

多年不见的豪车品牌在沪开业的奢华场面再次袭来。此次不在市区，而是在外高桥保税区的汽车产业园区。从杨高北路的巨峰路到俱进路，长达数公里的保时捷路灯广告旗悬挂道路两侧，为这偏僻的地区带来非同一般的排场。

2015年12月11日晚，保时捷全球最大的培训中心在此开业，紧挨在一起一家最大的4S店的人同时开张，门庭若市，官商云集，高朋满座。前来捧场的多半是保时捷的车主和潜在客户。培训中心大厅里摆放着从德国保时捷博物馆拿来的一尊起家之宝——木质胶轮保时捷鼻祖,就像穿着盔甲的武士。而在新开张的4S店则展示了保时捷911的全部车型,祭出其F1赛车当门面。

"去年保时捷全球卖了20万辆,创下历史新高,中国为其做出了很大贡献。"保时捷中国总裁方智勇说,中国现在是保时捷最大的市场,今年又将迎来一个惊喜之年。保税区官员前来祝贺,在致词中说,他们欢迎高品位豪车落户保税区汽车产业园,提升档次,对接国际市场。官商剪彩,合影留念,觥筹交错,弹冠相庆。

在我的印象中,保时捷在中国火的原因是温州老板,还有不少土豪看好它的是SUV,并非它的911。这也算是对保时捷的另类解读。在开业和开张庆典上,阔男艳女,嘉宾豪客,眼里放光的亦是如此。在我看来,SUV不是保时捷的文化,纯粹是"生意经",而911则是保时捷存在的理由。一位香港同行曾在私下里说,内地人有钱但不懂车,有车不会玩。属于有肚腩没腹肌的那一种。

无独有偶,在今年大众集团在上赛场举行的跑车嘉年华时,负责汽车运动的高管一再表示,他们要在中国开创跑车文化。保时捷在F1赛道上转圈子的则是清一色的跑车。我曾采访过卡雷拉杯(Porsche Carrera Cup Asia,PCCA)的冠军得主,看上去像华人,其实是东南亚人。香港人嘲笑内地人不懂车,也不会玩车并非讥讽,而是因为内地没有赛车文化。事实上,在这方面内地不要说与港澳存在差距,就连东南亚都不如。我注意到,保时捷请来的开业女主持不是内地的,而是地道的香港人,英文说得比中文还要流利。这就难怪女主持登台就自报家门,以撇清"关系"。这就使我想起20世纪80年代末,港商涌入上海,在虹桥某大楼或酒店租个办公室,请上小姐当秘书就可做汽车生意,卖的都是"洋车",其中就有谁也不了解的保时捷。过去叫"皮包公司",会忽悠就行,现在不行了,购车非4S店不可。像保时捷投入这么大,在保税区建培训中心和4S店，由此证明，保时捷在中国赚了大钱，可以钱生钱了。

在一个没有赛车文化背景的国度卖跑车，居然成为全球最大的市场，究竟卖的是什么车？我曾在温州采访过豪车消费状况。当地有钱的阔太太喜欢开保时捷跑车，原因是这车"豪华"、"好看"，问派什么用场，竟然回答是兜风、去买菜，这就匪夷所思了。以前对保时捷把4S店开到温州表示不理解，实地考察才知老外并不傻。在上海，看到保时捷SUV倒是不少，却很少见其跑车。我问一位开熟食店的老板朋友，你怎么也开上"卡宴（Cayenne）"了？他狡黠地回答，不就是为了见客户吗？这位在我印象中肚子里还是有点墨水的老板这样对我说，你不要看我"俗"，其实这牌子还是能唬人的。意在不言中。有趣的是，我有一位画家朋友买了一辆纯粹的保时捷跑车，本以为会让"艺术范儿"们投来羡慕，想不到却很孤独，成了另类。

回到开业和开张现场，以奢华与炫耀为主题的庆典场面，没有新车上市那么隆重与恢宏，倒有点像高档会所的私人派对，雇用的接待人员，从公关公司到端酒倒茶的服务生，再从保安到开观光车的司机，还有中外籍的艺人表演等，想以此极其奢侈的方式表达保时捷的高贵和品位。见接待像仆役般鞍前马后地伺候，请来的媒体已成了多余的装饰。这一幕又让我回到进口车潮水般涌来的20世纪80年代末情景：经销商忙的是生意，摆阔是为了取悦客户，媒体成了开业的点缀。

近三十年过去了。汽车商人的思维还是卖车的思维。把SUV当跑车卖的保时捷在中国是在挂羊头卖狗肉，兜售的是没有灵魂的四驱车。赚得盆满钵满，暗中窃喜，还自以为是，却把真正的品牌价值在中国稀释或丢弃。当SUV成为一种时髦的概念时，殊不知，在专家眼里，这是"利己不利人"的车型，即便在美国也遭诟病，但在中国却能盛行而无人质疑。尤其是卡宴，成了"德不配位"最典型的车型之一,成了新富豪追逐的标配。有趣的是,1994年保时捷还专门为中国设计过一款C88家轿概念车,想以此进入中国,现在看来不免幼稚。

　　对此现象,正如我一位朋友所说,"不管是经典概念还是滥概念,都会被用来骗人。"他说,由他所在的媒体曾经创造过不少概念被商家拿去兜售,所谓高明的商家都是些善于打比方的人。SUV就是在这样的背景下杜撰出来的概念,消费者至今被蒙在鼓里。由此,保时捷在中国的发达就值得玩味和思考了。

(首发微信公众号"汽车有智慧"|2015-12-11)

"汉腾"脱颖而出靠什么？

颜说： "汉腾"也许现在还没有知名度，但看到不少老外前往"汉腾"展台，说明"识货"的大有人在，而观众私下点赞也就让人不能小瞧其产品了。在媒体人看来，它的成长性正被看好，不仅被授予证书，其诚实营销之道也大获赞赏。我想，其背后也许就是王阳明的"格物穷理、知行合一、经世致用"的思想在起作用吧。在当下造车什么都不缺的迷茫之中，我们是否能在传统文化中汲取灵感，找到定海神针？

VOL.29

论汉腾

对消费者来说，"汉腾"是个很陌生的汽车品牌。即便是在汽车圈内，知道的人也不多。但是自2016年上市以来，"汉腾"突然引起了人们的关注。尤其是首次参加上海车展，给人的印象不俗，不仅是产品，还有展台设计，竟让人看不出它只是个新晋之秀。

2016年"汉腾"在重庆上市时，我与一批汽车专业媒体人试驾过这款车，感觉挺好。大家认为，从外观、内饰设计到性能和品质等，可圈可点之处不少，尤其是整车匹配和驾控体验做到了"人车合一"较高的响应程度。在行驶过程中，回头率很高。而"汉腾"

的售价则出乎意料,起步价竟不到10万元。难怪会深受当地市场的青睐。我在现场采访过一位年轻女士,问她为何买"汉腾"?回答是看中了"汉腾"的大气外观和它的性价比。重庆人对汽车很有感觉。这位女士说,我原先开的是合资品牌车,换车时在比较中选择了"汉腾"。

这难道是性价比的缘故?事实上,重庆首批"汉腾"车主都不是第一次购车。这说明什么?用当地车主的话说,"汉腾"关键是物超所值。如今的年轻人见多识广,对车都很了解。"汉腾"一经推出,没做预热和推广就受追捧,这究竟是何原因?在采访中了解到,首先是欧派设计和品质对标,给人有好感度;其次是风格和性能,顺应了消费诉求;再次是价格诱人,有诚意体现。当地经销商直率地说,我们做过比较,"汉腾"是个成长性品牌,产品有竞争力。

经验表明,车卖得好不好关键看经销商是否有信心。当地经销商对卖"汉腾"积极性很高,认为开这样的车对于山城人来说是"既有面子又有里子"的事。据悉,重庆是全国SUV卖得最好的城市。厂家说,选择在重庆上市说明我们对产品有信心。他们认为,如果"汉腾"在重庆站稳脚跟,那么,进军全国就没问题了。

厂家的眼光没有错,说话有底气。新车上市当月销量就超过5000台。打开了重庆市场,一炮走红。说明厂家把市场摸得很清楚,尤其是消费心理把握得也挺精准。在2017年上海车展上,从厂方公布的数据显示,"汉腾"仅用半年左右的时间销量就超过了3万辆。这对于一个全新品牌,时间不过三年左右的车企似乎有点横空出世的感觉,而且带有神奇的色彩。厂家在接受媒体采访中表示,根据"汉腾"目前销售态势,2017年销售目标制定的是8万辆,力争10万辆。

对于"汉腾"的市场表现,市场观察人士分析,可以称为SUV

中的一匹黑马。那么"汉腾"的成功难道真是性价比？调查显示，"汉腾"车主大多是年轻人，他们不迷信，也不盲从，更不会被忽悠。正如一位车主所说，他看中的是品质和性能以及它的实用和便利性。厂商抓住这样的消费心理，在服务上提供保障，化解了消费者的后顾之忧。这就是说，除了产品本身过硬是最好的广告，加上服务跟进起到了"蝴蝶效应"的口碑传播。经销商说，诚实的产品和诚实的价格在二三线市场很重要。尤其是在互联网时代，年轻人已经不迷信品牌，趋于自我和务实。这就给"汉腾"提供了机会。据介绍，"汉腾"可谓一身名牌（国内外知名零部件厂商配套），严格按照德国标准进行品质管理。通过与同级车相比较，"汉腾"的产品形象和内在的价值不用介绍就能体现出来，这要比单纯地做广告有效。那么，"汉腾"凭什么一夜走红？

"其实很简单，就是货比货。"厂家说得也很实在，就像老区的人那样朴实。"我们就是拿最好的产品提供给消费者。尽管我们起步比较晚，但我们花了很长的时间做准备。"厂家高层谦和地说，我们干汽车时间不长，但要求和眼光是国际的，对标的是合资企业，定位是为大多数人买得起的产品。由于是干零部件起家的，所以对整车的把握还是有感觉的。

"汉腾"的历史很简单，它是一家民营车企。通过对一家汽车改装厂的收购演变而来，后经资源整合跻身整车之列，打出了"汉腾"品牌，可见谋划和运作能力不一般。这与以往的车企有着显著的不同，"汉腾"明确了自己的定位（站在巨人肩膀上造车），有效地利用了市场和地域的差异，根据不同需求及时推出消费者心仪的产品，迭代二三线市场滞缓的产品，甚至合资品牌也不例外，"汉腾"将田忌赛马的典故转化为了营销策略。

在上海车展上，"汉腾"一次性拿出9款车型参展，包括纯电动和运动SUV首发车型等。展台采用"太阳"创意的设计，呈现"光芒四射"的寓意,大气从容,华而不艳,张弛有序,简约时尚。除了整车展品,还有自主设计的发动机,以及图表解说等,让人一目了然,快速了解这家车企的理念和实力,以及蕴藏的能量和智慧。车展之前,"汉腾"冠名了"两纵""四横"六条线路从上海出发并覆盖江浙沪皖的高铁,与中国高铁一起打造"汉腾汽车号"品牌专列,旨在与车展发布的"车·风景"全新品牌遥相呼应。即通过"看得见风景的车",传递"看得见风景的生活",引导并帮助更多人回归生活的原点,实现内心渴望。

《经济日报》高级记者毛铁在上饶考察"汉腾"之后感叹道,"这辆自主品牌车身后站着一个大儒。"他说,植根于"姚江之学"发端的上饶,请来这样的大儒(王阳明)为汉腾"站台",说明"汉腾"的造车理念有着与众不同的特质。从"汉腾"的起名到有诚意的营销,以及冠名高铁和发布"车·风景"品牌等,看得出这是一家有文化自信的车企。

王阳明说过,"一念抱持,成圣之要"。汉腾汽车的"一念抱持"是"为老区的经济腾飞而奋斗""为百姓精心造好车"。他们要让寻常百姓买得起汽车,开起来有尊严。当"汉腾"月销过5000辆时,《三联生活周刊》主笔李三发微信点赞:"在江西上饶这块红色土地上,有一群血液里流淌着红色情怀的汽车人,以踏实、务实、真实的心态着力为消费者打造最有价值的国民车。看似是一个全新品牌,了解了汉腾背后操盘的决策者,才知道,他们并不是毫无背景的Newcomer。汉腾推出产品只有不到一年的时间,但是销量已经突破月销5000的门槛。低价、高品质已经成为汉腾标签。有兴趣的朋友可以关注一下这个来自红色土地、有红色情怀的企业。"

"汉腾"也许现在还没有知名度,但看到不少老外前往"汉腾"展台,说明"识货"的大有人在,观众私下点赞也就让人不能小瞧其产品了。在媒体人看来,它的成长性正被看好,不光被授予证书，其诚实营销之道也大获赞赏。我想，其背后也许就是王阳明的"格物穷理、知行合一、经世致用"的思想在起作用吧。在当下造车什么都不缺的迷茫之中，我们是否能在传统文化中汲取灵感，找到定海神针？"汉腾"脱颖而出的故事也许给我们提供了积极的方向。

2017年4月19日于上海车展

（首发微信公众号"汽车有智慧"｜2017-04-26）

大家为何关注宝沃？

颜说：在走向成熟的中国市场，宝沃的问世也许会改变人们对豪车的重新认识，它既是自主品牌的"曲线救国"，也是参与国际市场的新尝试。有鉴于此，宝沃才会被一批国内外汽车精英看好。在他们看来，这要比单纯的成熟品牌更好玩、更刺激，更有成就感。这种超越地域和国家概念的市场运作可以看作汽车进入后时代的新动向，也是知识时代改变汽车走向的新思维和新观念。

VOL.30

论宝沃

近来大家都在关注宝沃。我想无非是与这个品牌的复活有关，好奇与中国有关。从来自各方信息和观察及议论来看，关注的焦点是落地中国，而且是与名不见经传的福田有关。有趣的是，这是吉利、奇瑞玩过的游戏的重演。虽然没有了先前的新鲜感，但其新闻性还是颇有价值的。

不管外界怎样议论，我认为，凭借中国人的智慧使这个品牌复活，就像当年吉利收购沃尔沃一样。人们质疑的是这个企业的出身，但绝不会怀疑中国市场的能力。事实证明，并不是李书福有多高明，而是中国市场让沃尔沃恢复了生机。瑞典人也不笨，从福特手里解脱出来，他们感到了有一种重获自由的解放。看来，重要的并不在于收购，拥有市场机会才是根本。同样，宝沃的横空出世，并非空穴来风，是福田的韬略，是用十年磨砺的一把利剑。然而如今要扬眉出鞘了，又出现了抱有成见的议论，就连"穷兄弟"也在冷眼旁观。

这是典型的"挤公交车的心态"，亦是笑贫不笑娼的冷漠。回过头来看，国内几大汽车集团在收购国外品牌和车企中，又有几个是成功的？上演的不是窝里斗，就是被人耍弄的闹剧，还要打肿脸充胖子，不去反思以往的过失，反而膨胀不改陋习。当然，商场如战场，就像莫斯科不相信眼泪。从这个角度观察宝沃引发的思考，其实正是中国汽车发生裂变的开始，它的积极意义要大于一味合资的思维，至少撬动了中国汽车多元发展的支点。

从合资到自主，再从收购到自强，三十余年的中国式汽车发展，从没有像今天这样百花齐放，百舸争流过。这种变化，不能简单地用老眼光看问题，要站在时代的桅杆上瞭望变化着的世界，就会发现进入互联网时代的汽车，不是汽车改变世界，而是世界正在改变汽车。

那么，我们为何关注宝沃？这个品牌的复活与我们有何关系？而这么多国际精英参与其中又为了什么？

中国的经验和市场潜力唤醒了世界汽车。在他们看来，"不在中国成功，就在世界败北"（1999年上海"财富论坛"的共识），汽车权威咨询机构甚至得出"得中国者得天下"的结论，并以此作为书名（机械工业出版社，2010年）吸引眼球。这都是得益于中国的改革开放，是"市场换技术"的合资思维提供了世界汽车业振兴的机会，尤其是大众在华的成功，为世界汽车涌入中国率先做出示范，再由通用后来居上的推动，激活了外资在华投入的胃口。由此形成了"国内市场国际化，国际市场国内化"的中国汽车市场的格局。

处在这样背景下的自主品牌,不仅受到合资品牌的打压和阻击,还受到来自合资附庸的挤兑和排挤。所以,用在夹缝中生存下来的自主车企用奇迹来形容并不为过。他们的生存智慧可圈可点,值得同情和支持。其中就有福田。2004年,央视在拍大型纪录片《与汽车同行》时就把福田收录其中。导演冯冀说,这是有追求和精神的企业。今天看来确实如此。福田苦心经营,韬光养晦,成功收购宝沃品牌,并重新复活这个被德国人引以为傲的历史品牌。无论从什么角度来看,都是值得赞许的事件。此举不仅得到德国政府的支持,也引来了众多国际汽车精英的加盟,证明中国市场依然被世界看好,这是保证宝沃复活的重要支撑。

2016年3月,在众说纷纭之中,宝沃的第一款产品——德式豪华宽体SUV(宝沃BX7)在北京亮相,给人印象不俗,舆论反应积极,当时透露将在2016年北京车展上宣布上市。来自国内外的性能测试和试驾体验,专业上的好消息不断,正面评价居多。不久前,媒体大佬观看了即将上市的BX7,对其设计和工艺及市场定位进行了研讨,认为在颜值和性能及做工上并不逊色于同级豪车,且有自己的特色。大家担心的不是产品,而是对品牌的认知。

自2015年法兰克福车展上亮相以来,宝沃就成了媒体关注的话题。在互联网时代,对于宝沃的来龙去脉早就无隐秘可言,尤其是围绕品牌的造势和对于新车的预热要比其他品牌有着与众不同的意义。

首先,这是打着复活豪车品牌的自主产品,有着国际化视野和战略诉求,在情感和文化上有广泛的认同;其次,有一帮有国际化运作经验的团队在操盘,拥有丰厚的资源可整合、拓展及转换;再次,充沛的中国市场不仅是宝沃落地的理由和出发点,也是重返德国本土,走向国际的市场后盾。

这是历史的机遇。在走向成熟的中国市场,宝沃的问世也许会改变人们对豪车的重新认识，它既是自主品牌的"曲线救国"，也是参与国际市场的新尝试。有鉴于此，才会被一批国内外汽车精英看好。在他们看来，这要比单纯的成熟品牌更好玩、更刺激，更有成就感。这种超越地域和国家概念的市场运作可以看作汽车进入后时代的新动向，也是知识时代改变汽车走向的新思维和新观念。

事实上，宝沃的复活是一种智慧的产物，其新闻性要大于商业炒作。应该看到，这是中德双方有识之士的共识，它既是互惠互利双赢的市场行为，也是复活一个品牌的文化壮举。要不这个项目怎么会如此顺利地落地？众所周知，汽车项目如果离开政府支持，再大的本事也无从施展。然而，现在对这个品牌过高预期和判断都似乎为时过早，对其议论甚至杂音也无可厚非，但这种尝试，可以说是中国汽车以自己的方式走向成熟的开始，表明汽车发展多元的时代已经来临。

（首发微信公众号"汽车有智慧"｜2016-04-03）

领克，一个与吉利切割的品牌

颜说：黑色不代表黑暗，而是深邃。这种反常态的表达则被看作北欧人的思考方式，也是解惑现实的一把钥匙。当有人告诉我领克的标志是一扇对称的"门"时，其实是"都市对立美学"的灵魂。这就是一个品牌与它的思考。然而，汽车一旦有了思考，希望还会遥远吗？

VOL.31
论领克

黑色不代表黑暗，而是深邃。这种反常态的表达则被看作北欧人的思考方式，也是解惑现实的一把钥匙。当有人告诉我领克的标志是一扇对称的"门"时，其实是"都市对立美学"的灵魂。这就是一个品牌与它的思考。然而，汽车一旦有了思考，希望还会遥远吗？

被称为吉利旗下首个高端品牌LYNK&CO在2017年4月16日全球产品首秀之后的晚宴上宣布了它的中文名——领克，意思是互联和连接。这是继2016年10月在柏林发布概念车就开始预热的全新品牌。无论是这个品牌的概念还是产品的设计，所制造的新闻和提供的商业的模式，以及传播的方式手段等，都是为了在品牌上与吉利切割，标志着吉利的成长和裂变进入了新的历史拐点。

其实，这不并奇怪，是汽车产业正向发展的必然。这种切割对于吉利来说，只是商业运作的长袖善舞，但在外界看来，这是自主品牌国际化的开始。也许我们更多关注的是这家民企的"商业手法"和"资源整合"的能力，并没有关注到它所带来的汽车格局正因此在发生变化。在领克准量产车的发布会上可以看到，这已不是单纯的汽车发布，超出了商业炫技的范畴，而是传递了自主判断、拒绝盲从的觉醒。这是业界从未有过的现象，意味着突破和挑战。

领克是进步还是成熟？我不敢妄加评论，但它的气势和精准却超乎我的想象。可以说，吉利已经由"鲶鱼"变成了"蛟龙"，这是不争的事实。值得关注的是，玩转市场只是商业游戏，而能摆脱墨守成规的套路则是在洗牌。所以，这种打破，显现的是从未有过的生机和活力。也许大家都已感觉到领克的冲击，就连合资车企都意识到吉利亦非过去的吉利，手里有了王牌和利剑。某著名汽车公司说过，他们不怕同行的竞争，就怕吉利的觉醒。为什么？因为吉利不按常理出牌，已经摸透了合资车企的路数。

如果吉利是以"模仿"和"跟随"闯入汽车界的一条鲶鱼，那么今天则是"打破"和"创领"汽车新秩序的一条蛟龙。我想，这是谁也没有想到的变化。负责2017年上海车展的相关人员告诉我，2017年最有看点的是吉利推出的领克全新车型。他说，与以往的自主品牌不同，这完全是国际化的品牌，全球设计的汽车，超出了一般新车的意义。

这是领克与吉利在产品上的切割。如果不提它的背景，还有人认为这是吉利的品牌？如果再看产品，这还能与吉利挂钩？如果从传播方式上去体验，这还有本土的影子？这种国际化从里到外的"谋划"，完全跳开了以往传统造车的思维，也不同于现在互联网造车的激进，而是站在了全球汽车迷茫和中国汽车洗牌的当口做出选择——在虚实世界中重新定位。正如领克品牌所阐述的理念，即汽车已经进入了"连接无限"的时代，成为了现实互联的介质。

也许，这就是领克要与吉利切割的原因所在吧。不管承认还是不承认，在领克身上已经找不到吉利的痕迹，再也看不到吉利的影子。这又是为什么？说明吉利已经意识到汽车的竞争已不是单纯的技术和产品的竞争，必须用品牌来改变自己，要用文化自觉来寻找出路。正如一帮来自哥德堡的汽车专家所说，他们在设计领克时有一种创造历史的感觉。因为吉利所提供的思路和市场以及雄心激活了已经处于死水一潭的欧洲汽车，重又燃起回到"汽车原点"的激情。吉利汽车欧洲研发中心首席执行官方浩瀚（Mats Fagerhag）说，我们不是在设计一款车，而是在开创一个汽车新时代。他在领克新车发布会上说，"CMA是我们最新的战略性研发成果，具有高度的可扩展性和灵活性，并保持技术先进性的同时实现规模效应，可为未来十年的产品布局提供强大支持"。

也就是说，领克不是一款车的概念，而是模块和平台的概念，也是为未来设计的车。彼得·霍布里这位业界熟悉的大师级汽车设计师，享誉欧洲，曾是沃尔沃的设计总裁，他对这款由他亲自操刀领克01备感自豪。他说，我们通过当下超级城市的研究找到了与时代共鸣的语言（"都市对立美学"），那就是城市不对称的内生活力和外在张力的抒发。由此产生了LYNK&CO这个值得全球关注的品牌。作为品牌支撑的产品，用彼得的话说，那就是很给力的设计（不止于型），做到了无可挑剔。其实，在2016年领克概念车出现在柏林时，彼得就说过，这是无国界的设计。尽管如此，彼得在体现李书福的想法而设计的概念车"天地"之后，又设计了博瑞和博越的量产车，实际上他已迷上了中国。所以，领克01带有明显的中国痕迹，从这种原创中可以欣喜地看到，中国汽车可以自豪地走向世界了。

从领克的设计理念和表达来看，集全球2000多名工程技术人员和设计师围绕LYNK&CO这个品牌而展开的产品设计，历时三年，做了大量的研发，远不止是产品，而是将理念转化为物化的文化过程。今天这道"汽车大餐"终于端上来了，人们看到的确实是"设计不止于型"的车，而是散发理念和启迪的"艺术"，由此回答了"我们需要怎样的汽车"的诘问。

当参加发布会的数百位媒体拿到领克的欢迎"信"（礼品袋里的品牌介绍）时，相信谁也看不懂，会觉得这是一种幽默。在一片漆黑的包装纸上面竟然写着很小的字——欢迎，凸现LYNK&CO的位置。打开看，全都是后现代的大幅图片和简短文字，透射出超现实的虚无与不羁的连接。这种先锋和夸张的表达，一下子就拉开了虚实之间的距离，但又是融为一体不可或缺的现实，暗示了未来的"新常态"才是互联创新的真正动力。

然而，黑色不代表黑暗，而是深邃。这种反常态的表达则被看作北欧人的思考方式，也是解惑现实的一把钥匙。当有人告诉我领克的标志是一扇对称的"门"时，其实是"都市对立美学"的灵魂。而色差强烈的冷色调，提示的不仅是品牌的深邃，还是智慧的象征。难怪来自哥德堡的汽车专家把这款车当作了汽车中的一道"北极光"，重新定义了汽车的内涵和外延，那就是互联和连接的介质，赋予了全新的汽车理念，即LYNK&CO！而中文领克所要表达的则是"引领潮流，连接和改变"的雄心。

这就是一个品牌与它的思考。然而，汽车一旦有了思考，希望还会遥远吗？

由此，从这个角度看，领克与吉利的切割不是简单的对一个时代的告别，而是破茧成蝶的蜕变，是对一个新的时代的向往和飞跃。

2017年4月16日于上海西岸艺术中心

(首发微信公众号"汽车有智慧" | 2017-04-17)

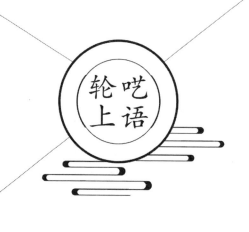

辑三 车路如山

纳瓦拉：万众创业的高端"SUV级皮卡"

颜说：中国是否会成为继美国之后又一个皮卡大国？现在看来是一种奢望，怎么说都为时尚早。但从国外皮卡发展的规律来看，中国迟早会接轨，或者有可能超出我们的想象，就像SUV喷发，有过之而无不及。据此，可以乐观地看，一旦皮卡扶正，它的风景一定会比微面风光，体现大国风范的新气象很值得期待。

VOL.32
论纳瓦拉

纳瓦拉问世，让我想起徐浪说过的一句话，"皮卡是我赛车生涯最喜欢的车"。这位赛车界公认的勇士，曾先后征战过达喀尔、穿越东方、环塔等知名的汽车越野拉力赛，并在不少国内外汽车越野赛中立下赫赫战功。他是著名的赛车手，也是皮卡的狂热者，多次驾驶郑州日产皮卡（锐骐）驰骋赛场，威名远扬。

"皮卡是玩越野的最爱。"这是在中国赛车圈里常听到的一句话。每次与徐浪谈起皮卡，他总是眉飞色舞，让我一头雾水，心想这不就是货车？但他的兴奋让我相信这是玩越野的好车。后来在各种越野拉力赛上看到皮卡的表现，也就很自然地默认了皮卡才是"SUV大哥"的事实。

日前，从郑州市区驱车去郊外一个越野场地体验即将推出的纳瓦拉。从跋山涉水，过沟越坎等各种高难度通过障碍物的性能表现来看，这车丝毫不逊色于SUV越野车。专业人士所说，"这才是皮卡强悍的本色。"这是否就是皮卡最厉害的一面？没错，这是玩车最刺激的车型，外界并不了解，但凡进入这个圈子的人都知道这车比SUV还要越野。上海一位车手告诉我，他已急不可待地想买一辆纳瓦拉。我问为什么？他说："这款车的越野性能是目前最好的，不用改装就能赛出好成绩，即便是不做赛车也很拉风。"是啊，这车很酷，让人过目不忘。

对于以专业生产皮卡出名的郑州日产来说，此次推出纳瓦拉引起外界关注的重要原因倒不仅仅因为这是一款高性能的皮卡，而是因为提出了"高端SUV级皮卡"的全新概念。这就意味着人们对皮卡的认知开始从业内走向业外，尤其是在皮卡逐步解禁的当下，这一概念提出的现实意义正在取得业内外的共识和社会的认同。这说明中国对于汽车的认知开始突破传统家轿的固化和束缚，开始由SUV走向MPV，如今有可能正在迈向皮卡时代。这种变化才是符合汽车多样性的表达，表明人们对于汽车的认知开始全面和成熟起来。

众所周知，我们以往对越野车（吉普）的理解仅局限于专业用途的范畴，定位为行业用户，归类为生产资料。十余年前，郑州日产基于帕拉丁在美国的现实用途和生活需求提出了SUV概念，打破了越野车的专业局限，首次被当作乘用车介入时尚个性的生活，引发了外界的关注，经历了从试水到畅游的推介过程，从而被市场接受和社会认同。如果从历史的角度看，一款很小众的SUV车型竟然会成为日后能与轿车平分秋色的大众化的车型，这是谁也没能想到的。如今，中国成了继美国之后最大的购买和使用SUV的大国。原因是什么？这反映了在经济高速发展中所带来的生活多样性的需要，契合了希望通过"说走就走"、"到外面去看看"的心理诉求。而SUV则是适合这种需求最为理想的车型，即一车三用（轿车的舒适性、越野车的功能、旅行车的空间）的普适性。

如今，纳瓦拉来了，带有SUV的外观和特性，体现了时尚与个性，甚至具有前卫和新锐的视觉冲击，契合了互联网跨界创业的生活需求。这种依据不仅有来自美国皮卡文化的影响，还有国际化潮流的推动。实际上，皮卡在国外属于典型的跨界车型，它要比SUV更接地气，是集轻卡、越野、轿车于一体的车型。这种车型的实用性和便利性对于美国人来说，甚至被当作了"出格消费"的时尚与个性的表达，亦是还原生活本质的真实。比如，一个女孩开着皮卡，车斗里拴着一只大狼狗招摇过市，一对老人开着皮卡拖着房车行驶在高速公路上，年轻人开着皮卡，车斗里放着冲浪和户外活动的装备等，这种图景所展示的不仅是生活，还体现了不可或缺的载体——皮卡。此外，还有家庭和个体等经济活动的场景等，从不同侧面展示了皮卡是一种"万能车"。所以，与其说皮卡的用途可以跨界，还不如说它是生活须臾不离的"助手"。

美国是皮卡大国。由此产生皮卡文化的基础或理由就是大家对它的喜欢。既有工具性又便于出行，既体面又方便，同时又能随心所欲，用途广泛，自由不羁。我曾在新西兰采访过一位汽车经销商。他说，当地最好卖的车型就是皮卡。我留意了一下当地市场，几乎家家都在卖皮卡。我惊呼，这才是真实的汽车市场。一位农场主告诉我，"皮卡才是最实用的车型"。相比之下，国内对皮卡的认知还局限在"工具"上，被当作货车，甚至鄙视为装货的，忽视了对人的需求及对生活的敬畏和尊重。所以，皮卡在中国遭遇了一种匪夷所思的"变态"，反映的是视域的狭窄及意识的愚钝和落后。说明我们对汽车的认识只关注了表象的虚浮，并没有看到汽车本质的功能。

在2017年的日内瓦车展上，由奔驰、雷诺在纳瓦拉平台上设计的皮卡给人耳目一新的最大亮点就是：皮卡理念又有了突破，更加注重"轿车化"。这也就是说，皮卡的乘用性能得到了强化。这就印证了纳瓦拉的设计想法是走在皮卡前列的先锋代表。故有人说，纳瓦拉无论是从外形设计还是性能表现就是SUV+皮卡，偏重于"轿车化"的车型。这既是功能需求的升级，也是现实生活的诉求。资料显示，中国目前已经成为世界上从事副业的大国，进入"全民供给方"和"轻创业"（有效运用网络及智能手机轻松创业，充分发挥兴趣或特长半带玩乐地开展副业）的万众创业的时代，由此推出的纳瓦拉也许是最能适合这个时代到来的车型（高端SUV级皮卡）之一。

中国会否继美国之后又一个皮卡大国？现在看来是一种奢望，怎么说都为时尚早。但从国外皮卡发展的规律来看，中国迟早会接轨，或者有可能超出我们的想象，就像SUV喷发，有过之而无不及。据此，可以乐观地看，一旦皮卡扶正，它的风景一定会比微面风光，体现大国风范的新气象很值得期待。

2017年4月11日于北京三里屯

（首发微信公众号"汽车有智慧" | 2017-04-14）

带血的轮毂击穿汽车成本底线

颜说：粗放型的汽车零部件生产方式已经走到尽头，没有技术投入和研发能力支撑正面临出局。

VOL.33
论汽车零部件

震惊全国的昆山工厂爆炸案所呈现的惨剧让人痛心，整个社会为之伤感。随着事故真相的查明，人们为这次事故中死亡的75人和受伤的185人痛惜。

现已确认，此次事件是因汽车轮毂抛光产生"粉尘浓度超标，遇到火源发生爆炸"的特大恶性事故，不仅社会反响巨大，也引起了汽车行业的格外关注。从事故调查中不难发现，其原因除了厂房设计和工艺安排有问题，还有没按规定在每个岗位安装独立的吸尘装置和防爆配置等安全设施，更为难以置信的是，就连基本的劳防用品都没能配备到位。此外，不但没有对员工进行安全培训，而且严重违反劳动法，超时作业，环境污染极为严重。

这就更加让人扼腕、愤慨、难以平复心中的忧伤。事故调查表明："涉事企业问题和隐患长期没有解决"，这是导致此次事故发生的重要原因。据媒体报道，其实，此事故苗子早在几个月前就已经发生。对于生产环境，有的员工已经患上了尘肺病，用员工的话说，"每天早晨进入车间上班，出来就变得灰头土脸"，被形容为，"上班时是人，下班时是'鬼'"，"污染这么严重（粉尘超标），能不出事吗？"在这里，劳动强度大，7进7出（早上7点上班，晚上7点下班），工作超时已属常态。

令人匪夷所思的是，在汽车制造，尤其是汽车零部件领域进入"数字化""无人化"、高度自动化生产的今天，这样带手工"作坊式"（生产工艺路线设计过紧过密，2000平方米的车间内布置了29条生产线、300多个工位）的生产，似乎已经是久远的记忆。尽管有些汽车零部件暂难改变属于劳动密集型的现状，但也不至于在如此恶劣的环境（除尘能力不足，工艺落后）下生产。在大力倡导绿色环保人性化生产的汽车行业，这种不顾安全和员工健康的生产方式，无疑是汽车制造业的倒退。中荣爆炸事件骇人听闻，让汽车行业蒙羞。有人说，这是继富士康事件之后汽车行业爆出的尤为罕见的"血汗工厂"，一点都不为过。值得深思的是，据悉，在此次事故中死伤的都不是本地人，都是些外地来昆山的务工人员。当地人说，年轻人都不愿到这样的企业就业。

然而，对涉事企业来说，其轮毂生产的规模不算大。从披露的信息来看，无论是厂房设计还是生产设备和工艺布置都没有像对外介绍的那样先进和现代化，自动化程度也不高，相反，而是采用了劳动密集型的"手工抛光"作业，替代了机器。

众所周知，昆山的经济发展主要是靠台资企业拉动起来的，其中汽车零部件企业占了很大的比例，享有"中国汽车零部件生产基地"之称。这里主要是毗邻安亭汽车城，与整车配套便利，又可利用当地优惠政策和劳动力成本低等优势，吸引了以台资为主的汽车零部件企业大量涌入，其特点都是一些中小型企业，技术能级低，产品水平也不高，综合实力也有限，有的甚至是在台湾已经被淘汰的企业。但在早期世界汽车零部件还没有大量进入内地,相对还有一点优势,但随着内地汽车业对技术和品质能级的提高,竞争程度的加剧,显然有些车企已经落伍,很难跟上内地汽车发展的步伐。比如,汽车电子和关键零部件方面,基本上是由欧美日零部件巨头把控,有些汽车零部件合资企业的投入甚至超过了部分整车企业,最典型的就是被列入国家重点汽车零部件重点项目的上海联合电子,一次性投资就达26亿元。相比之下,台资汽车零部件的优势在弱化,有的还不如内地本土汽车零部件的能力和规模。

"汽车零部件是汽车工业的基础。"现在大家都明白了,没有强大的零部件企业很难使汽车业强盛起来。事实上,汽车的核心技术是零部件。所以,当桑塔纳获得成功之后,业内人士总结道,这是国产化的成功,而背后则是一批零部件企业得到了成长和发展。其意义就在于"引进一个项目(桑塔纳),改造了一个行业(零部件)"。

现在回过头来看,昆山引进的台湾汽车零部件生产技术与现在汽车业发展要求显然已不太适应,需要转型发展。一些迄今为止还处于汽车零部件加工类的企业,根本谈不上有研发能力。经过几轮竞争和洗牌,与整车企业一样,中国汽车零部件的主流企业也是以"合资"为主,自主品牌的汽车零部件生存正处在脱胎换骨的裂变期。在这样的背景下,昆山汽车轮毂加工因粉尘爆炸发生的责任事故,让人震惊的不仅是生产落后,还是对人的漠视和冷血,击穿了汽车成本的底线,丧失了对人应有的尊重。

此事暴露出粗放型的汽车零部件生产方式已经走到了尽头,没有技术投入和研发能力支撑的零部件企业正面临淘汰出局的命运,而靠压榨性的降本增效无疑是在玩火自焚。另外,汽车竞争也出现了"无底线"的乱象。现在5万至6万元的车还有利可图,甚至还有3万至4万元的车,其背后的驱动力就在于对零部件供应商的"压榨"。一位业内人士说,汽车是人命关天的安全产品,不能卖得过于便宜,否则品质就很难保证。这样做,不仅整车企业会做死,对零部件供应商也不利,整个产业链就会出问题。

正因为此,部分自主品牌汽车上不去的原因就是犯了盲目追求低成本,失去了消费者的信赖,把牌子做砸了。道理很简单,价格过低的车型是通过压榨零部件供应商实现的,那么,零部件供应商要谋利,就只能在产品上做假,以次充好,在降低劳动力成本上进行盘剥。如此恶性循环,汽车产业低成本底线已经被击穿。如此现象,岂能不忧?昆山工厂爆炸事故并非偶然,而是非人性的低成本竞争的恶果,不能不引人思考,那些汽车生产企业尤其应该好好想想其背后的深层原因究竟是什么?

(首发《第一财经日报》| 2014-08-07)

SUV消费为何只剩下了躯壳？

颜说：人们并不在意真假四驱或越野，在乎的是一种消费方式，表达自我存在的独立与自由。

VOL.34

论SUV

在我的印象中，当下不少SUV基本上属于休闲车，越野能力只是一种噱头。有人给它起了个很洋气的名字，叫城市吉普或城市SUV，加上了城市两字的前缀，让它不再小众，具有普适性。

可以讲，这是目前汽车厂商的营销策略和迎合需求的逐利手段。现在不少人都喜欢SUV，原因并不是简单的追风或是赶时髦，而是把SUV当作了"汽车牛仔"，认为它不受路况条件的限制，随意而自由，是一种释放或表达。但由于传播和诱导的推波助澜，对于SUV的诠释更是混乱不堪，让消费者眼花缭乱，难以适从。比如，最近上市的一款某豪华车品牌的紧凑型SUV，明明是"奶油小生"，充其量也就是"穿小西服运动车"而已，却要戴上"天生无畏"的帽子；再如，某车型为了突现自己是高档SUV，竟出现了这样的描述，"他们眼中的冒险，我们看来是赴一场盛宴，像绅士一样去征服"，把"精神诉求"当作了娱乐。但也有劝告和励志的，比如，"别赶路，去感受路"、"多10%精神"等，仔细推敲，不是随意演绎，就是自作多情，或是故作深沉，玩文字游戏，甚至兜售廉价的欲望和土豪式的消费……

十多年前，中国消费者对SUV的概念还很陌生，难以接受将这种车纳入私人消费范畴。原因是，SUV还停留在工作用车或专门用途的层面上，如军用、公检法、工程抢险或指挥车等。而对刚刚涉及汽车消费的国人来说，汽车尚未体现个性的表达，为了面子消费而买车占据了很大比例。处在汽车消费饥饿期的需求，一方面助长了对汽车诉求的误导和夸张，另一方面，粗鄙的煽情手段刺激了攀比之风。而当由公款购车占80%逆转为私人购车占80%的当口，汽车就已经不是春潮，而是"洪水"了。发生在20年前"轿车进入家庭"大讨论的激辩和争论，实际上已经涉及今天汽车所面临的困境与尴尬。

"笃信三厢，排斥两厢"，激活了传统文化"轿子"等门第观念，尤其是被禁锢了长达几十年的消费权利一旦释放，压抑的消费欲望就会如火山般爆发，冲破的不仅是社会秩序还有道德底线。这种没有约束的释放就像饥不择食的饿汉闯进厨房，岂能不饕餮？这些都因一夜暴富，又没相应的消费准备所致的迷失和错位产生的"汽车乱象"，生生地把"汽车梦"推向了"噩梦"。先是对汽车私有羡慕嫉妒恨的社会不满，后是被贴上成功标签的汽车全民化，再是比富斗狠，继而发展到今天汽车消费多元的杂乱与无序的困惑等，事实上汽车在扮演中国富有的同时，也在撕裂中国的形象。

资料显示，现在几乎没有一家车企不生产SUV。SUV持续多年超过整个汽车销量平均增长速度，成为汽车品种中的一匹黑马。从乘联会统计的数据来看，2013年全国SUV累计销量为303.9万辆，占狭义乘用车总销量的18.6%，同比增长50.8%。从大马力的豪华SUV，到中高级的SUV，以及紧凑型的SUV，再从洋品牌到自主品牌，SUV的野蛮增长超乎专家的预期和想象，而且在持续。2014年前8个月国内SUV产247.27万辆和销242.77万辆，同比增长34.96%和34.50%。这意味着是乘用车增长的3倍。

　　以前人们购买SUV不会是首次购买，现在则不同，SUV的首次购买率在明显增长。

　　比如，雪佛兰创酷和别克昂克拉、福特翼博、标致2008，自主品牌有长安CS35、长城H2、瑞风S3等，首先针对的都是年轻人，其次是首次购买者，再就是为了刺激市场增量。由此打破了SUV小众化的思维定势，实际上，SUV已经成为年轻人的最爱，背后的推手不光是价格门槛的趋低，关键是消费理念发生了根本转变。

　　在我的记忆中，以前SUV最初的用户有不少是城市个体户或私营业主，把此车当作"客货两用"的小型货车。是为了不受进城限制应运而生的产物。最典型的车型就是长城"硬顶吉普"，私下里大家都把它当作了货车，等同于皮卡。想不到由于消费观念的转变，"硬顶吉普"随之被漂白，华丽转身为时尚个性的前卫车型。尽管有山寨的嫌疑，但由于用户结构开始发生变化，用途已不再是以拉货为主，开始向以乘用为主的消费方向靠拢。歪打正着，时来运转。

　　透过SUV热不难发现，人们并不在意真假四驱或越野，在乎的是一种消费方式，以此替代了传统的轿车消费，表达的是自我存在感，或是独立与自由的态度。所以，当SUV趋于小型化，价格进入10万元左右的区间时，SUV实际上已经变成了一副躯壳。然而，从另一个角度看，相较于那些动辄上百万或几十万的SUV来说，那些低端的SUV只是跟随的山寨或者说是从众的趋同思维。这种把"四驱"当"休闲"的混沌，说明当下对汽车的认知还处在浅显的层面，跟着感觉走，既是盲从，也是迷茫。当这种现象不仅存在于SUV身上，在其他车型身上也频频出现时，汽车保有量已经逼近1.4亿辆的汽车大国，有必要沉下心来认真思考这是为什么。

（首发《第一财经日报》| 2014-11-13）

从皇冠想到品牌身价

颜说：尽管新皇冠商品力无可挑剔，但品牌形象还是停留在"丰田"的概念上，犹如辉腾和途锐，不管你如何努力，哪怕将产品做到极致，品牌属性依然是VW（大众）。为什么？也就是说，全新皇冠也许有很强的产品价值，但未必能体现吸引人的豪车价值。

VOL.35

论皇冠

提起皇冠就会想到丰田。十年前，皇冠一度宣布停产，引起很大反响。原因无非有三。第一，车型老了，确实到了"产品生命周期"；第二，它早已有了替补的"接班人"——凌志（后改名为雷克萨斯）；第三，消费结构发生变化（买高档车，有奔驰、宝马等可选，买中档车有佳美（国产后改为凯美瑞）、雅阁等跟着。但事隔四年左右，丰田宣布皇冠将在中国天津国产，再度引起反响，原因也无非有三。第一，重塑丰田品牌在华形象；第二，唤起历史记忆；第三，表达在华战略信心。

作为丰田的旗舰车型，皇冠问世之时，并非是作为高档豪华车定位。纵观其车型的演变史不难看出，它的身价是一步一步被抬起来的。

同样，丰田在中国家喻户晓功在皇冠。在商品稀缺年代，皇冠先入为主（20世纪60年代作为进口车率先进入中国），捷足先登，成了一种特殊享用的记忆。皇冠尽管属于出租车行业进口最多的车型之一，但多数还是用于接待外宾，又无其他车型可比，身价自然也就上去了。然而，进入20世纪90年代，皇冠韶华不在，亦已被其他进口车型替代。丰田前会长奥田硕不无感慨道，以前在上海还能看到皇冠（出租车）现在都被桑塔纳替代了。随之，那句脍炙人口的广告语"车到山前必有路，有路必有丰田车"也被隐去。

记得丰田宣布与一汽合作时祭出皇冠这张王牌，很招人眼球。2005年3月，新皇冠上市。丰田借此以庆贺天津一汽丰田第二工厂落成。这无论是对一汽，还是对丰田都有着特别的意义。正如人们所预料的那样，此车尚未上市，已被订购一空，用当时一汽丰田负责销售的高管的话说，这是被当作最受市场期待的车型，当年就脱销了，火过了奥迪A6，成为抢手货。一位经销商说，皇冠当时不愁卖，一车难求。

皇冠走俏没有悬念。当时，作为新车型，除了国产奥迪A6外没有竞争对手，独享一块豪车市场的蛋糕。由此，引起业界思考的是，皇冠的商品力成就了它的口碑和产品的认同度，以"全能优秀"理念掀起"皇冠旋风"。尽管如此，作为以生产市民车出名的丰田车要想一步成为"贵族"，除了历史的沉淀，看来还要有与众不同的技术绝招才能取信于市场。

事实上，皇冠重出江湖有雷克萨斯技术在背后支撑。尤其是第13代全新皇冠，其奢华与技术含量用经销商的话说，实际上就是"雷克萨斯"的贴牌。懂行的人都知道，这在同级豪华车中属于性价比较高的车型之一。加上服务和产品的可靠性，此车的商品力成了丰田品牌的旗舰和灵魂。专业试车，性能对标显示，全新皇冠（第13代）要优于同级的竞争车型，无论从内到外，还是从驾控到性能，甚至配置到感觉（加长），新皇冠可以说是名副其实，脱胎换骨的豪车了。然而，相对于德系豪车，其影响力和竞争力却在弱化，即便是与自己的同胞相比，也远没有雷克萨斯、讴歌、英菲尼迪那样有号召力。那么，其原因何在？

尽管新皇冠商品力无可挑剔，但品牌形象还是停留在"丰田"的概念上，犹如辉腾和途锐，不管你如何努力，哪怕将产品做到极致，品牌属性依然是VW(大众)。为什么？也就是说，全新皇冠也许有很强的产品价值，但未必能体现吸引人的豪车价值。尤其是年轻富有阶层，寻求的不仅是产品的高级感，还有时尚和新锐的生活方式，或代表个性与仪表的"符号价值"，他们已不满足传统意义上豪华和高档的定义。事实上，那些威仪式的奢华和礼仪式高贵已经成为"八股"，令人厌倦，审美疲劳。这种现象不仅仅存在于单一的皇冠车上，就连宝马、奔驰、奥迪等也在寻找突破。从奥迪A5到宝马X1，从英菲尼迪的G系列再到雷克萨斯IS300C敞篷跑车等，可以清晰地看到，这些豪车品牌都有丰富的产品体系在支撑，通过对各细分市场的"诠释"，在不断地丰富品牌的内涵和张力，集聚人气和消费气场（变化造型、增加配置、提高性能）。

相比较而言，皇冠作为豪华品牌显得势单力薄，缺少支撑，即光有树干而无枝叶，其品牌之树也就难以茂盛。其深层原因就是消费诉求被限制（缺少多元化的产品），又受到丰田品牌形象的固化，难以突破自己，这就难免不陷入附加值的瓶颈。毕竟消费的多元化和小众化在豪车日趋繁荣的今天，如果再固守"一招鲜吃遍天"的理念，显然已不合时宜，而没有新的文化价值注入产品，又怎能打动消费者？

（首发《东方早报》｜2010-06-17）

"硬顶吉普"为何改称SUV？

颜说：在我的印象中，以前开SUV多数是男性为主，给人以粗狂与豪放的开朗。不知从什么时候起，女性也喜欢上这种带有"野性"的车。但我注意到，女性开SUV多半是豪华高档SUV，最差的也是中高档。

VOL.36
论SUV

如今SUV是个时髦的概念，现在很流行。前不久一位媒体同行告诉我，她买了一辆CR-V，感觉不错。我说，此车价格不菲，还不如买一辆同等价位的名牌轿车。她说，开这车视野好，很安全。持着这种想法的人不少。2009年汉兰达上市时，上海一位车主就毫不掩饰地说，这车我老婆喜欢。我留意了一下，现在上海女性开SUV多起来了，就像城市的一道风景。

在我的印象中，以前开SUV多数是男性为主，给人以粗狂与豪放的开朗。不知从什么时候起，女性也喜欢上这种带有"野性"的车。但我注意到，女性开SUV多半是豪华高档SUV，最差的也是中高档。一位市场人士告诉我，现在市场上卖得最火的就是高档豪华SUV。现在几乎所有的高端品牌都有自己的SUV，如宝马X5、沃尔沃X90、雷克萨斯RX350等都不愁卖。我曾做过调查，现在保时捷卖得最多的倒不是它的跑车，而是它的SUV。轿车生产企业几乎都涉及了SUV的生产，由此形成了炙手可热的SUV销售现象，也出现了不少跟风者的山寨版。

其实，SUV的流行屈指算来也不过五六年的事。记得帕拉丁上市之前，许多人还是把这种车当作吉普车，或越野车。如当时比较流行的是北京吉普、切诺基、三菱吉普（帕杰罗）、丰田霸道（陆地巡洋舰）等。当时厂家在推这款车时担心市场，怕难以进入购车的视线。

这种担心并非多余。民调显示，很多人还是把它归类于越野车。要命的是，当时城市限制货车（皮卡）进城，好多用轻卡底盘改装的硬顶吉普当作厢式车替代了这种角色。即便是今天也能看到这种车的影子。而吉普车的用途在生活中又往往与公安、司法部门、工程车联系在一起。

同北京人玩越野车一样，上海也有这样的俱乐部。后经实地调查发现，成员都是酷爱汽车运动的玩主，身份不俗，多数是从事房地产、广告业、私营企业的老板，或是自由职业者等，他们玩的车型最差的是切诺基，其余都是进口的越野车，动辄就是几十万或上百万的车，而且都不止一辆车，家里都有自备车。这在十年前是一个蛰伏在上海很隐蔽的小众群体。一位圈内人说，"这叫偷着玩"。用世俗的眼光看，以前私人开吉普或越野车被认为有点另类。对于此车的地位，吉普车曾经有过不能上长安街规定就可见一斑。

十年前，硬顶吉普和越野车很少进入私人消费领域，多数是企事业单位或特殊用途的工作车，现在谁都没想到它会成为汽车消费的时尚风景。现在看来这主要还是要归功于近年来厂商的商业推广。如帕拉丁的影响力是靠陈道明和张国立这样的影视明星作为首批车主,杜撰了"时尚座驾"的概念,通过"轮上高尔夫""精神放牧"的解读,达喀尔赛事的演绎,诠释了SUV(多功能运动型越野车英文缩写)的内涵与外延。

正如厂商宣传的那样,所谓的SUV就是"一车三用"(即轿车、旅行车、越野车的功能)的概念。由此,硬顶吉普转身SUV业已成为集休闲商务生活为一体的乘用车,这已是被大家公认的事实。于是,在SUV中又有四驱和两驱之分,有越野型,也有公路型和城市型,还有硬派和婉约之说。故又冒出了如"轿车SUV""轿跑车SUV"等五花八门的叫法。

发端于越野车的SUV如今变得越来越模糊了,外行人很难分得清这究竟是什么车。但有一点可以肯定,其个性化和时尚的外形,多用途及驾驶性能倒是迎合了多元化需求的生活。尽管SUV的车型很多,但鱼龙混杂,真伪难辨,其价格悬殊,具有天壤之别。

(首发《东方早报》| 2010-04-01)

车展办成"展销会",中国汽车跑偏何方?

颜说:从国内车展办成了"展销会"到国外车展像个"订货会"的现象来看,思考的不仅是汽车重复引进的乱象,而是这个产业发展出现了方向性的问题。日韩汽车用30年时间,由一个汽车引进国发展成为汽车输出国,从一个被人瞧不起的汽车生产国,到驰骋世界的汽车生产商。这是发生在我们身边的故事,却又是谁也回避不了的事实。

VOL.37

论车展

金九银十,这是形容汽车营销最好的季节。

在这个季节里,各家厂商都在做跑量的最后冲刺,被看作决定全年销量的关键时刻。与往年不同,今年的市场严峻,不仅疲软,还面临产业转型的开始——新能源汽车分割车市蛋糕的速度在加快。当然,严峻的不单是这些,关键是汽车累积的问题积重难返。其中重复引进成了顽疾,病入膏肓,产业危机加剧,难以化解。

2015年十月还没完全过去,在上个月法兰克福车展上亮相的一些新车排队在国内抢着上市。比如9月24日,全新宝马3系在沈阳上市;10月24日,史上最豪华的SUV宾利添越在成都上市;10月24

日,全新宝马7系在北京雁栖湖上市;10月25日,斯柯达全新速派在上海上市;等。

这些现象意味着什么?

早在上个月的法兰克福车展上,据不完全统计,2015~2016两年有15款亮相的新车要在中国国产或引进。对于这样的现状,我还专门采访过一些外资厂商,他们纷纷表示,中国是他们最大的市场。在他们的表述中,印象最深的是,赢得中国市场就等于赢得全球市场。这个观点,以前在国外参加车展并不强烈,我总把这句话当作咨询公司提出的概念而已。当然,早在1999年上海财富论坛上,就出现过与"不在中国成功就在世界败北"的类似口号。今天,我已真切地感觉到,这已经是所有外资车企的共识,并成为了集体的行动。一些老牌的德资车企在接受中国记者采访时,都把中国比作"第二故乡",或是"海外最大基地""全球最大的市场"等。

"中国最重要",不仅是丰田的意识,ABB都这样认为,甚至成为大众冲顶世界第一的重要依赖。

因为成都车展与法兰克福车展靠得近,我在刚参加完成都车展采访登机去法兰克福时,就在手机上看到各家厂商在车展上卖了多少汽车的新闻,可谓捷报频传,一片弹冠相庆的欢腾。而在法兰克福车展上,到处能看到来自中国熟悉的面孔,他们当中不乏车企的主管,还有带队的参观团,有跟随的官员等。由此产生了法兰克福车展不仅是德国车展的印象,还强烈地感觉到是半个"中国车展"的事实——有不少车展上的新车就是针对中国市场而开发的。

比如,全新宝马3系当月就在沈阳国产上市,据说还有新途观和速派旅行版2016年要在国内生产等。令人匪夷所思的是,还被当作法兰克福车展上最奢华的SUV明星车型宾利添越,尚未在车展上捂热就已经在去中国的路上。最新消息表明,这款近400万~500万元的豪车在中国限量供应仅55台。而大家都在赞叹宝马新7系时,宝马暗地里已经在酝酿中国上市的计划。宝马集团大中华区总裁安格说，全新7系的一半销量在中国。在上市发布会上，宝马表示，这是根据中国市场需求开发的车型，目标人群就是像万科老总郁亮和经济学家许小年这样的社会精英。而全新速派上个月的15日还在法兰克福车展上作为新车亮相被争相报道，10月25日"斯柯达全新速派上市盛典"的醒目接机牌已经出现在上海虹桥机场的廊桥上。

看了这一切之后，对于了解汽车业的人来说都会有点头晕。中国真的成了世界汽车工厂和最大的汽车市场？

过去，我们常常担忧重复引进会断送中国的汽车业，担心中国汽车长不大。现在看来，30年过去了，合资企业还是合资企业，生产的车型老的去了新的又来了，牌子还是人家的牌子，人却换了几轮，但自己的车型和牌子还是没有。这就是中国车企"依赖症"在加剧的原因，就像叼了个奶瓶难以长大的孩子，有人甚至说，这又像是吃了鸦片现在想戒也戒不掉了。

让我们尴尬的是，像成都车展实际上成了汽车的展销会，而法兰克福车展又变相地成为了中国的"订货会"。这种现象给人带来的所谓汽车繁荣，实际上是种难以言状的隐痛。不论市场怎么大，制造能力有多强，如果没有自己的创新能力，最终与世界工厂区别并不大，顶着"汽车大国"的名分，确实很难高兴得起来。

"如果按照三大三小两微的发展规划，中国汽车产业就不会发展到现在这个样子。"对汽车历史熟悉的有关人士说，引进汽车技术发展自主汽车是权宜之计，我们的战略目的是要发展自己的汽车民族工业。据介绍，自桑塔纳国产化之后，汽车合资的任务实际上也就告一段落。一位汽车资深人士说，实现了桑塔纳国产化后我们造车就有了本钱，什么车都可以造了。这就印证了专家的观点，桑塔纳最大的成功不是车，而是引进一个车型、改造了一个行业。

事实上，中国汽车业早就建成了自己的生产体系，其水平已属世界一流，生产自己的汽车不成问题，与国际对标，品质也可保证，但为何还要重复引进，频率加快而且密集？

从国内车展办成了"展销会"到国外车展像个"订货会"的现象来看，思考的不仅是汽车重复引进的乱象，而是这个产业发展出现了方向性的问题。日、韩用30年时间，由一个汽车引进国发展成为汽车输出国，从一个被人瞧不起的汽车生产国，到驰骋世界的汽车生产商。这是发生在我们身边的故事，却又是谁也回避不了的事实。那么，中国汽车业的发展方向究竟在何方？

(首发微信公众号"汽车有智慧" | 2015-10-26)

斯巴鲁，一个并不陌生的尴尬者

颜说：过去不珍惜合资的机会是因为对中国不了解，而今看到了市场需求却又怕担风险，况且中国汽车的黄金时代已经过去，关键是现在能找到理想合作伙伴又剩几何？就产品而言，斯巴鲁有其局限性，要想在中国有所为，看来不是胃口问题，而是有无肚量？

VOL.38
论斯巴鲁

历史总是在轮回中重复着自己。于是，有人总结，历史是由悲剧推进的。无论是轮回和重复，或是悲剧，历史与现实交替如同镜子那般，在提示过往的得失和当下的成败。所以，"以史为镜"也就成了典故，告诫后人的箴言。

今天在论及汽车的历史和当下，我们看到，一些外资汽车品牌在中国的成功并非偶然，也不是幸运，而失败者也并非倒霉或不幸，都有其原因，或与非客观的因素有关。其中，斯巴鲁在中国就是一个值得研究的对象。

斯巴鲁，在中国汽车界并不是个陌生的品牌。车迷对这个品牌也不生疏，懂车的人都知道这是好车。但为什么在中国老是扮演着尴尬的角色？显然，人们关注的还是这个品牌的落地及如何国产的问题。

事实上并非没有机会，而是不曾把握，抑或本身就没上心过。

了解中国汽车历史的人都知道，斯巴鲁曾作为中国汽车对外开放最早引进的对象之一，而且是作为中国准入家轿门槛最早探路的理想车型之一。看到奥托就会想起云雀。这是同时代引进的微型车。前者曾在中国轿车进入家庭中扮演过先驱的角色，而后者却始终没能进入家轿市场，大有胎死腹中的悲哀。

云雀，即斯巴鲁。贵航云雀一度名声不低。它是国家圈定"三大三小二微"生产基地最小的宝贝疙瘩，纳入了"汽车国家发展模式"，而且肩负了进入家庭的使命。在业内人士看来，由货车转向轿车为主产业转型中，专业人士首先想到的是"日、韩模式"，即以导入微型车试水家轿，而后再以出口导向，实施海外扩张计划。其中，贵州云雀被寄予厚望。

20世纪80年代末90年代初，中国汽车消费发端就源于这样的思路，故产生了"微车热"。而作为从日本引入的云雀就是源自斯巴鲁的微型车。在日本，斯巴鲁微车首屈一指。再看合作背景，两家都是造飞机的企业（贵州航空与富士重工）。可以说，在当时汽车领域，贵航造车，等于是贵族造车，无论是技术和人员，还是装备和条件都比传统汽车业要强。在日本，斯巴鲁要比铃木强，原因也是得益于造飞机出身。

然而，事与愿违。结果是奥托在中国起来了，"首付1万8，奥拓开回家"的广告，成为20世纪90年代最牛的汽车广告。而云雀则在中外合作和观念体制上的内耗中徘徊不前，以至于丧失了最好的发展机会。现在大家只知道标致退出广州，克莱斯勒败走京城，菲亚特失意南京，却不知道斯巴鲁落荒于贵州。有趣的是，别人都在吃回头草，卷土重来，而斯巴鲁还在中国观望，举棋不定，不敢下赌注，依然是抱着想赚快钱的思路，看不到有其战略的打算。

近年来斯巴鲁有了一点名声，说到底还是靠卖车吆喝起来的，走的是"经销商合资"的路子，但摆脱不了急功近利的干系，难以同

"生产合资"相提并论，缺少底气和根基。而斯巴鲁给人的印象，是"进口的便宜货"，即"把进口车当国产车卖"，利用小众化优势迎合了个性化需求。尤其是在南方，深受港、澳玩车族的影响，带动了内地的销量。比如，三年前，一位广州朋友换车升级，买了一辆斯巴鲁力狮，才20万元出头。尽管车内空间不大，但性能好，又是原汁原味的进口车，加上促销优惠，远比同级国产车划算得多。同样，家里的一位亲戚也买了这辆车，理由如出一辙，性价比高，适合女性开。后来也有家人买了这款车，原因是受儿子影响。儿子在澳门工作，开的也是这款车，说动力好，玩车过瘾。

"通过性价比抢了国产车有限市场的斯巴鲁，其前景还是充满了不确定性。"相关人士分析，即便如此，斯巴鲁还是小众车型，更何况又不完全都是针对中国市场，市场空间可见，难以乐观。在近年来SUV流行的潮流中，斯巴鲁森林人开始吃香，原因还是归之于在同类车中性价比高，占了进口的光。在2015年广州车展上，不少人就是冲着这一点来的。从展台工作人员提供的系列车型（傲虎、森林人、XV、力狮、BRZ）售价表来看，价格区间在19.98万元至35.98万元。而90%车型售价不超过30万元，这就意味着，斯巴鲁卖的是进口车的性能国产车的价格，迎合了不少消费者的心理。

这只是营销的策略，而不是落地的战略。这就注定斯巴鲁是"进口便宜货"的定位，不可能被当作有价值的品牌。故有人希望它落地，成为国产车才有量的提升。问题是，这就涉及一个老话题，过去不珍惜合资的机会是因为对中国不了解，而今看到了市场需求却又怕担风险，况且中国汽车的黄金时代已经过去，关键是现在能找到理想合作伙伴又剩几何？就产品而言，斯巴鲁有其局限性，要想在中国有所为，看来不是胃口问题，而是有无肚量？

（首发微信公众号"汽车有智慧"｜2015-11-26）

见证"伟大 不止"的插曲

颜说：十年磨一剑。全新Q7不仅改变了自己，还想改变格局，正在创造历史。今天的插曲尽管是意外，但也预示着伟大的不易，正如它自己所阐述的那样，"伟大从不是一个口号，而是不懈的前行"。

VOL.39
论奥迪

"下午我下飞机，在来的路上（全新Q7上市会）就听说媒体老师把车开到海里去了。不过，我到时车已'开'上来了，完好无损，再一次证明了Q7的伟大。"

2015年11月3日，在三亚全新Q7上市会上，一汽大众奥迪时也不执行副总经理葛树文用幽默、轻松、调侃的语调复述了刚刚发生的全新Q7搁浅于海滩的插曲，并婉转地回应了网上的围观和微信的刷屏，用一种机智和沉稳的方式将一个负面的报料转化为一个正面的事实——奥迪真棒！

这样的实在和诚恳在赢得掌声之外，同时也帮葛树文诠释全新Q7的不凡和独特，找到了一把解析的钥匙。娓娓道来，深入浅出，自然得体，恰到好处。

这也许是寓意，就像Q7的性格，不在绝处逢生，就在平庸中死。为了展示这款车的无畏和勇敢，奥迪把整个蜈支洲岛临时包了下来，取名Q7岛，利用悬崖断壁，崎岖险峻的山势地貌，沙滩海浪的湿滑松软来体验Q7的英雄本色。

在不让人行走的陡岩峭壁中逶迤前行，在礁岛嶙峋上颠簸不惧艰阻，在稀松柔软的沙滩上如履平地，在盘山树丛中的岩石路上穿越……

这一切的设计就是为了展示全新Q7的不凡和伟大。

当然，在这一过程中，因失误而出了意外，我不知这是好事还是坏事，但客观上说，因为这个小小的插曲使得全新Q7尚未上市就上了头条，成为了各大网站和自媒体欢乐的海洋，由此产生的段子比新车上市更加精彩和热闹，为几小时后全新Q7夜晚上市作了最好的铺垫。正如有人说，这插曲比好莱坞大片都刺激，抢了上市的风头，引发的关注度盖过了所有汽车新闻，甚至扩散到汽车圈子以外，被社会所关注。也正因为有了这个插曲，全新Q7知名度几乎在瞬间达闻天下，胜过了任何传播手段。这种奇效让在现场的我感到惊讶和神奇。好在浸泡在海水里近半个小时的全新Q7爬上了岸，化险为夷，随后让人感到惊奇的是，它重又回到媒体试驾的车队里，像没事似的又欢腾起来。这种玩笑，让人猝不及防，又觉得匪夷所思。我问在场的活动公司，车有碍吗？回答没事。

有趣的是，前者被放大了，当作"新闻"在娱乐，后者则熟视无睹，没人问津，像一阵风吹了过去。回味起来，颇有意思。这个插曲尽管对奥迪来说是个意外，但也帮了大忙，在没有任何征兆之下，上演了在"负面报料"之下见证Q7伟大的传播效应。

于是，可以用得上歪打正着这个词。如果说插曲完全是意外，那也不一定，体验过度，肆意松懈才是根结。然而，全新Q7的性能还是得到了体现，揭示了厂家所要表达意图。200多位媒体记者的参与,全方位地融入到这款车上市的弹冠相庆,像是在开派对,传递的则是"第四代SUV首款车型"。葛树文说,这是全性能SUV,将重新定义SUV细分市场,是具有划时代意义的一款车。

这就是伟大。葛树文说,Q7自从它诞生起,就是驾驶的机器,有着不凡的表现,也定义了自己的位置——"可以在公路和越野路面驾驶的Pikes Peak(派克峰,意寓征服艰险)"。回顾历史,Q7源自于quattro全时四驱这一奥迪的独门绝技。就连它的命名也是以Q字当头,其伟大不仅在陆地上,还能登月,成为奥迪技术的灵魂和魔杖。随后,Q7风靡世界,征服了极端气候和恶劣路况,被誉为攀登了一座座山峰,享有派克峰(Pikes Peak)之巅的荣耀。

从2015年法兰克福车展上的众星拱月,到广州车展上的伟大不止,再到蜈支洲岛全路况试驾上市,全新Q7打出了"王者"的气势,以伟大傲视群雄。

"第一代SUV是军车;第二代SUV是公路越野;第三代SUV是越野和城市的对峙;第四代SUV是全性能车。"

葛树文说,全新Q7将极致的越野与完美的舒适性高度整合,定义为第四代SUV的代表,开创了一个全新的SUV新的细分市场。他把这种新技术的融合归之于设计的伟大、驾控的伟大、科技的伟大。他认为,Q7的伟大,不是因为尺寸大一点,而是因为永不停步。他解释,像Q7这样的车,其实很大,但看上去不大;坐进去驾驶,好像变小,其实很大;按理说车身应该很重,其实很轻;动力强劲,却很省油……这些无数的平凡细节构筑了伟大基座,走近Q7,等于走近了科技与艺术完美融合的殿堂。

在新车上市现场,从视频到歌舞,再到声光电,还有直升机助兴,一切都冲着"伟大"而来,在海风中化作了涛声,是那样遥远,却又离我们很近。其实,全新Q7想说的是,"只有不停止脚步,才是真正的伟大"。

十年磨一剑。全新Q7不仅改变了自己，还想改变格局，正在创造历史。今天的插曲尽管是意外，但也预示着伟大的不易，正如它自己所阐述的那样，"伟大从不是一个口号，而是不懈的前行"。

（首发微信公众号"汽车有智慧"｜2015-12-04）

广汽在沉默中激活三菱品牌

颜说：与以往的合资企业不同，广三起步时，把大量的精力放在梳理和重建三菱品牌，以及生产和供应商体系上，以化解三菱过去的负面影响，树立渠道信心，提升产品竞争力。如今，走进广三，就能感知广汽文化和管理输出结出的成果（高效低成本运转的风格），广三一派生机勃勃，充满活力的景象。

VOL.40

论广汽三菱

2016年10月14日，广汽三菱（以下简称"广三"）在工厂内部举行了一个20万辆下车仪式。我有幸成为了见证者（厂家没有邀请媒体参加）。有关人士告诉我，这是为了纪念合资四周年搞的一个庆典。

仪式在总装车间举行。身着工装的员工们个个喜笑颜开。车间张灯结彩，红红火火，到处洋溢着节日的气氛。

现在汽车行业对20万辆下线早已产生不了新闻。但在广三人看来可是件大事。他们不愿意拿出来晒，怕同行笑话，还是关起门来自己庆贺一下。不过，他们是真心为有今天的收获感到高兴和自豪。一位试车员告诉我，"新欧蓝德一炮打响，给我们带来的是信心,看到了希望"。

我看到每个人的笑是灿烂的,发自内心的喜悦,就像自家办喜事那样。他们早早地排着队在等待新车下线。全厂上下包括外籍员工,无论是高管还是普通员工,都把这种仪式当作了对合资四周年的庆生。

我想,意义就在于此。

10分钟仪式用了四年时间

下线仪式很短。仅用了10分钟。

广三的高管像迎接自己的孩子般守候着第20万辆车下线。这种虔诚可以用期盼来形容。中方总经理张跃赛说,以20万辆车下线仪式来庆贺广三成立四周年是为了收获我们付出的成果和对未来的希望。他说,自全新欧蓝德上市以来,市场供不应求,经销商盯着要车,渠道活起来了,三菱品牌也被激活。

仪式极为俭朴。张总的话所激起了在场每个人的兴奋。道理很简单,车好卖,企业有希望,员工就有奔头。销量数据显示,广三2016年完成既定产销计划和目标任务已胜券在握。有人告诉我,明天(10月15日)要在厂区里举行"四周年快乐彩色接力跑"。

广三人的快乐和淡定,促使我环顾厂区和员工的神态,我发现他们的乐观和快乐没有水分,看不到生活在北上广的焦虑,包括管理者。我问相关人员,这是怎么回事?她们笑答,长沙人容易满足,幸福指数高。尽管没有正面回答,但我察觉到能在广三工作有一种体面的满足。

在我下榻的酒店里,与当地人聊起来,提到广三都表示是个不错的企业。

走在这家被改造的厂区里(原是长丰猎豹的工厂,后被广汽收购,再与三菱合资),国有企业的雄风还在,厂区规模不小,在当地算是数一数二的"现代化工厂"。在我眼里,广三是个很正宗的车企,无论是厂区和车间,还是试车场地,以及物流区域等,管理井井有条,处处有标识提示,人车各行其道,规范有序。流水线的设备和工艺设施一点都不落后。

广三能算汽车中的独大?

自从广汽菲亚特落地长沙后,吸引了不少车企来此扎堆,提升了当地的知名度,也改善了汽车投资的质量。最典型的就是上汽大众在这里建生产基地,给当地人不小鼓舞。

近年来,长沙成为"中三角"汽车投资的热土。不少整车企业都看好这里的战略位置,看好这里的市场和技术输出,纷纷抢滩,安营扎寨。我多次来此采访,感觉这里的变化顺应了汽车市场梯次转移的规律,故而成为不少汽车集团扩张的最佳选择。长沙本地,也从过去的市场提供者,变成了拥有地产车的主场。

然而,总部设在这里的车企其实不多。比如,被当地寄予厚望的广汽菲亚特,在变成广汽菲克后,销售部门就搬到上海去了(长沙成了工厂)。名气很大的上汽大众在此建的也就是生产工厂。即便是在当地很有影响的土著企业(三一重工),总部也搬到了北京。所以,也只有广三算是总部在长沙名副其实的车企。广三自成立以来,当地很倚重,它也不负众望,成为当地第一利税大户,公认的明星车企。

这使我不禁想到,作为一个后来者,广三竟然是当地汽车产业真正的支柱之一,但在业界却是默默无闻,而它所作的努力和产生的影响,远远不为业内所知,成为媒体关注的盲点,这是为什么?

广汽文化输出的活标本

全新欧蓝德上市成功为广三浮出水面提供了舞台。人们由此开始关注广三，关注三菱，关注这家车企和三菱的未来。

民调显示，三菱品牌（汽车）在中国的印象并不佳，但有过辉煌。鼎盛时期，三菱的销量达到过十几万辆，不过，自从"三菱事件"之后，一落千丈，但人们并不质疑它的技术和专业能力，而是难以容忍其对待中国市场的态度（质量和服务）。不过，在车迷心目中，三菱吉普依然是四驱越野车中的佼佼者。

显然，三菱在中国的衰落，根源还是"态度"和"战略"（卖车还是投资）。三菱在四处碰壁中意识到，与广汽合资才算是找对了路子，找对了人。他们感觉到有着丰富管理经验的广汽（有广本和广丰的经验，也有广标失败的教训，以及传祺的成功），能够给三菱在华带来新的生机。据悉，三菱已有在长沙投资新发动机项目计划，并在此设立办事处。三菱还公布到2020年要在中国投放10款新车型（2016年已投放两款）。全新欧蓝德的成功无疑让三菱看到了未来在华的希望。

与以往的合资企业不同，广三起步时，把大量的精力放在梳理和重建三菱品牌，以及生产和供应商体系上，以化解三菱过去的负面影响，树立渠道信心，提升产品竞争力。如今，走进广三，就能感知广汽文化和管理输出结出的成果（高效低成本运转的风格），广三一派生机勃勃，充满活力的景象。

然而，广三现在还是处在起步阶段。以广三目前的产销量还没有大到足以影响SUV市场的格局，计划和目标也还没能足以让同行视为劲敌。不过，广三的中外双方已经意识到，没有产品难以支撑信心，没有技术就没有发言权。有了这样的共识，今天欧蓝德20万辆下线的一小步，也许就是明天的一大步。

（首发微信公众号"汽车有智慧"｜2016-10-15）

Jeep能拯救广汽菲亚特吗？

颜说：引进Jeep是否意味着菲亚特-克莱斯勒（下称"菲-克"）重整旗鼓之后在中国东山再起的开始？

VOL.41

论Jeep

Jeep国产项目落地广州，为中国SUV热又添了一把火。但业界关注的焦点也许并不是这个项目，而是广汽菲亚特如何借助SUV来拯救自己。

尽管地方政府和广汽集团为此项目引入广州给予了很大的支持和优厚的条件，包括离开长沙移师广州为其腾地挪窝等。不过，外界无不对广汽把"宝"押在SUV上捏一把汗，尤其是对广汽寄希望借力Jeep项目使广汽菲亚特摆脱目前徘徊不前的状况提出质疑，即SUV真能成为掘金的摇钱树？此外，这是否意味着菲亚特-克莱斯勒（下称"菲-克"）重整旗鼓之后在中国东山再起的开始？

引进Jeep，这是个在坊间传了很久，不是新闻的新闻。

近年来，SUV热使不少车企发了财，而且车是越贵越好卖。在此背景下，广汽菲亚特推出的产品并没有预计的那样理想，即便是旗下的SUV（菲跃）也没带来多大的惊喜。

用菲-克联盟的产品优势,导入Jeep品牌助阵,似乎顺理成章,很自然地就被当做手中的王牌祭出,关键是克莱斯勒重出江湖有了名正言顺的名分。

提到Jeep,大家都知道这是SUV的鼻祖之一,是美国汽车文化重要的组成部分。在中国,大家对Jeep也不陌生,这是汽车合资企业中最早引进的产品(切诺基)。

遗憾的是,作为合资方的克莱斯勒后来在中国的运作并不成功,最终还是以退出与北汽的合资(北京吉普)宣告落败。

在历史的记忆里,北京吉普的资历要比上海大众的历史还早(始于1983年)。但因诸多原因,不仅没有玩转市场,反而把自己的地盘玩丢了,重又归零,这是个至今都令人回味无穷的故事。比如,从切诺基到速跑,北京吉普可以说是国内最早专业生产SUV的合资车企,有很高的知名度及商业先机,但没有等到或抓住,在SUV市场兴起之时却随着克莱斯勒的退出而沉寂,以至于消失在消费者的视线里。

同样,菲亚特因产品和投入不给力失去中国市场,不得不与南汽分手,成为外资车企在中国失败的典型之一。

有人说,作为中国汽车合资先驱的克莱斯勒因产品没有顺应中国市场或及时调整而错失良机,有世界"小车之王"美誉的菲亚特也没有抓住家轿热的机会及时跟进而痛失市场,相继成为步广州标致后尘外资退出的失败者。

它们都曾经是被业界看好的品牌,又有很好的机会,但都因对中国市场不了解,或因合作分歧、缺少发展共识等,被无情的市场所淘汰,上演了汽车合资劳燕分飞的一幕。

值得关注的是,这些失败者并没有离开中国,最终都以不同的方式重又"归队",借此深耕中国市场。

故有人说,早知今日,何必当初。

那么,促使这些以失败换来教训的国外汽车公司吃回头草的最大动因是什么？很显然，是诱人的市场和利益的驱动在起作用。正如它们醒悟之后所道出的真实心理：不在中国成功，就在世界败北。这样的共识让所有的外国汽车公司意识到，失去中国市场的份额也就等于失去了在国际车坛的地位。用专家的话说，事实上，中国市场已经国际化，国际市场中国化。所以，这些丢失了合资地盘之后的外资公司才真正领悟到"合资的重要性"的含义。事实证明，没有在华合资的外资车企很难玩转中国市场。于是，我们看到无论是标致，还是菲亚特，以及克莱斯勒都曾为寻找新的合资伙伴颇费周折，绞尽脑汁，想方设法也要合资。

如今，菲亚特携手广汽卷土重来，但产业结构和市场需求都发生了很大变化，与十多年前大不相同。

记得在21世纪初，菲亚特与南汽合资生产第一款家轿时被市场人士看作经典两厢车，有望成为小车的主流车型，名叫派力奥，外观新颖，性能过硬。有鉴于此，外界给这款车起了个很形象的雅号，叫"小钢炮"，不仅走俏市场，还赢得了消费者的认同。然而，眼看小车市场起来了，由于投入不够，后续产品跟进速度太慢，中外双方分歧过大，影响了合资企业的发展，结果陷入不能自拔的困境。

同样，长期以来，切诺基留给人们的印象是很难融入民用消费领域的品牌，即使SUV盛行之时，也很少有人考虑到它，尽管大家都知道这是越野SUV世家。看来这不仅是个定位的问题，还有在传播上存在的缺失有关。

除了切诺基，克莱斯勒还在中国生产过300C和铂锐等国产轿车，但市场表现都不尽如人意。所以，有媒体做过分析，认为"克莱斯勒产品在中国卖得不好，很重要的原因是美国味太浓，油耗太大，中国消费者很难接受"。市场人士也直言不讳地说过："产品问题依旧是横亘在克莱斯勒与未来合资伙伴的一道高墙。"对于这一点，克莱斯勒原董事长李·艾柯卡也承认："我们美国人犯了一个严重的错误，即低估了别的国家制造的汽车产品质量。"这虽然是20世纪说的话，但跨入21世纪第一个十年美国三大汽车巨头碰到破产危机却不幸被言中，而菲-克联盟就是这样背景下的产物。

在舆论看来，菲-克在中国是一对难兄难弟。就产品而言，尚未跻身主流市场，尤其是广汽菲亚特销量上不去始终是个坎，2013年销量5万辆都不到。从企业规模来看，产能明显有放空的可能。在这样的情况下，广汽菲亚特又在广州兴建新工厂生产以SUV为主导的Jeep品牌汽车难免引起关注。尽管现在正处在SUV热的高潮当中，但业内人士分析，畅销的又不全是真正的SUV，即被车迷称为专业SUV（越野车）而是被轿车异化的"伪SUV"（两驱为主的城市SUV），尤其是所谓的紧凑型SUV，说白了就是休闲车或徒有时尚外形的小型车而已。所以，民调显示，目前专业SUV仍旧属于小众车型。对于不少车企而言，生产SUV只是锦上添花的品种，较难成为主打产品。因此，广汽菲亚特要想拯救自己，看来还得把希望寄托在自己擅长的轿车上，回到其主打产品（小车和A级车）上才是正道，更何况SUV毕竟不是主流产品，尤其是当下存在很大水分的SUV市场本身就真假难辨，扑朔迷离，变化无常，指望Jeep拯救广汽菲亚特似乎有点悬。

从以往和现在的产品来看，菲亚特的产品在竞品中毫不逊色，尤其在性能和设计上形成了自己的风格，比如，意式运动风格向来就有不俗的市场表现，而且有传统上的文化基因，但销量上不去，并不是产品单一那么简单，看来还与营销乏力和尚未找到市场感觉有关。

所以，广汽菲亚特想要复制广本的成功已没有这样的幸运和可能，未来的出路只能靠自己，倒是因Jeep国产成全了克莱斯勒为重又归来找到了新的支点。

（首发《第一财经日报》| 2014-07-10）

辑四 野心时代

埃尔法与汽车消费三段论

颜说：埃尔法，在香港艺人圈子里有"保姆车"之称，被看作"超富有"的座驾，既时尚又安全，而且私密，不显山露水，却有不同凡响的品位。而在老板眼里，这是"陆上行宫"，说白了，就是舒适、配置一应俱全的"移动空间"，有人把它比作车轮上的"五星级宾馆"。

VOL.42
论埃尔法

自2010年埃尔法进入国内销售以来，一直处在供应紧张的状态，出现了一车难求的现象。为了解真相，笔者走访了上海几家广汽丰田渠道的经销店，情况基本属实，此车不仅没有现货，而且订购也要等上很久。这是什么原因？经销商说，主要是货源紧张，再说，此车比较特殊，深受演艺明星和企业家青睐，在珠江三角洲和香港地区十分流行，另外，也不排除受跟风等因素的影响。

其实，年初就传出不少影视歌明星看好这款车，后又蔓延到一些私企老板和公司高管排队订购之说，甚至加价动用关系走后门争购此车等。这种紧俏势头，比广告还有用，传播速度之快出人意料。在圈子文化盛行的今天，无论是奢侈品，还是消费品，或者是餐饮、影视、娱乐业等,一旦被贴上紧缺或时尚标签就会"被格式化"地流行起来。由此传递出的信息不得不引人关注,可以是多元的或不同的解读等。而埃尔法的紧俏就像iPhone和iPad那样,悄然流行,并没见有多大的营销推广,却暗香浮动,名声在外,这究竟是什么原因?有人说表面看,这是受港式文化的影响,而背后则是汽车消费方式正在发生变化的一种动向。

埃尔法,在香港艺人圈子里有"保姆车"之称,被看作"超富有"的座驾,既时尚又安全,而且私密,不显山露水,却有不同凡响的品位。而在老板眼里,这是"陆上行宫",说白了,就是舒适、配置一应俱全的"移动空间",有人把它比作车轮上的"五星级宾馆"。对于这种消费形态,可以看作高端车市场又有了新的细分,说明追求移动豪华空间的乘坐舒适性,集商务和办公及休闲于一体的乘用功能已被转化为高级行政酒店式的"公务飞机",表现出既有功能上的需求,也有观念上的改变。比如,数年前一位知名影视演员在选购SUV时表示,他看中四驱车是出于驾驶安全,机动灵活,便于外出拍戏,还能兼顾休闲等。而今,不少演艺名人则把眼光转向了埃尔法,以更宽敞自由、舒适优雅的移动空间为标准(包括生活设施)视为档次,或是对高端车提出的要求。显然,这已不是物化的概念,而是充斥了对于身份和层次的证明。在香港,乘坐埃尔法出入已成风景,更是豪华宾馆和高端写字楼的装饰物,并作为商业活动或礼仪社交的另一种表述方式。现如今,香港的大佬们出行未必都坐超豪华轿车,而以改坐像埃尔法这样的"房车"以表示出绅士风度,既低调又安全。在日本,也是这样。比如,丰田的高管出行也喜欢坐这样的车。

据观察,这种现象也并非是亚洲流行,在欧洲也是这样。好多年前,一些国家和地区在接待贵宾和重要宾客时就已经开始提供这种大空间的车型,现在俗称MPV(多功能轿车)。它与旅行车不同，有着更能发挥的乘坐空间，如增加更多功能配置的余地，并拥有高性能和高安全的特质等。对此，笔者在欧洲采访过有关人员，他们认为，这种车性能好，乘坐空间大，配置高端，尤其适合于长途乘坐，不易疲劳。从历史上看，这种最先流行于美国的MPV车型，现已从多功能轿车演变为高端商务车。近年来，在国内也开始盛行，不少企事业单位的行政用车也渐渐选择了这种车，甚至被打上"陆上公务舱"的标签。作为MPV高端车型的埃尔法，据市场人士分析，由于此车量少，属于稀缺车型，已被符号化。就像LV包那样，埃尔法在受到特殊人群青睐的同时也产生了蝴蝶效应，随之被放大。市场观察人士认为，埃尔法悄然流行一点都不奇怪，况且，在汽车消费步入普及化和多元化的今天，消费分层越来越细化，或者说也越来越专属化、定制化、格式化。正如媒体阐述的那样，"汽车作为我们所生存的社会的一个标志性、象征性物品，所发生的各种现象，已不仅是汽车本身，既不能用单线的因果关系，也不能用某种单一因素来解释，需要联系各个角度的事实加以综合观察，借助各种学科的理论从不同的方面予以说明"。

　　事实也正是如此。埃尔法其实并不神秘，充其量只不过是高端MPV而已。神秘的是它的定位和用户群体赋予了这个品牌诸多的故事和传奇色彩，包括由此产生的所谓附加值，使得此品牌不仅有诱惑力，还在不长的历史里就储存了不少趣闻轶事。自2002年诞生以来，埃尔法已经累计销售了50余万辆，遍及9个国家和地区。尽管如此，应清醒地看到，埃尔法的热销只是建立在"稀缺"上的个案，尚难类比。不过，从汽车消费的角度来看，还是为我们提供了颇有价值的消费信息，由此很自然地会联想到国外盛行的家庭旅行房车，我们不得不意识到，中国的汽车消费在摆脱炫耀性面子消费之后正在进入普及化的家庭消费，而今又出现了"移动空间"的消费概念并变得清晰起来。这意味着中国的汽车消费趋于理性与多元，也表明中国的汽车市场正在走向成熟。这种趋势正如国外专家在介绍"汽车消费三段论"时所介绍的那样，即第一阶段是"地位身份的标志"（汽车没普及前），第二阶段是，"代步工具"（汽车开始普及），第三阶段是"住宅和办公的延伸"（汽车是充实生活的手段）。

通过比照可以看到，我国的汽车消费现已进入第二阶段。而埃尔法的启示就在于，当"全能"生活工具的汽车走向普及时，第三阶段也就不再是遥不可及，重要的是，届时汽车所有附属的符号和标签都将会成为浮云，汽车消费也就变得单纯起来了。

(首发《东方早报》 | 2011-03-31)

造车的意义及其他

颜说："辉腾"是不计商业回报的产物。德国大众原董事长，有"辉腾之父"之称的皮尔希说，他就是想造一辆"极致"的车，而且挂VW的商标，毫不在乎市场的接受度，力排众议，一意孤行。这一违反商业逻辑的思维遭到了很多人的反对，完全是出于私人对造车极致的追求。

VOL.43

论辉腾

当"辉腾"被看作"帕萨特王"时，大众高层并不以为然。在公众看来，大众在造车理念上过于"偏执"，以至于产生过"质量过剩、技术过剩"之说。媒体曾在不同场合提问过大众的高管，回答是坚定的：在质量和技术面前决不妥协。他们承认在造车意识上确实存在着"偏执"，但不是"愚"，而将之看作一门"学问"。结果怎样？人们认同了一个品牌的价值，打破了普通品牌不能做奢侈品的规矩。这是否有点不可思议？但确实发生了，而且就在身边。

日前，有一个朋友开了一辆辉腾来看我，顿时让我眼前一亮，脱口而出，"开上了辉腾！"朋友得意地笑着说，"也只有你识货。"大有汽车与人的精神气质契合之美妙。朋友开上"辉腾"并不全是为了"低调"，恰恰是给内行看的"高调"。他的得意就是选择了一款挂有"VW"商标，享有比奔驰宝马奥迪更高"等级"内涵的座驾，不显山露水，却有与众不同的气宇轩昂。因为他本人就是从事产品设计的专家。

2010年，新款"辉腾"上市，月销量竟达400辆。此销量让人吃惊，大有咸鱼翻身的意味。但在几年前，市面上熟悉这款车的人还不多，大众（中国）负责进口业务的部门在推广此车时常被误导为"帕萨特升级版"，又因价高使销售受阻，身陷尴尬处境。由此，而产生"辉腾"没有像雷克萨斯"灵活"（弃丰田商标）之质疑，假如换个商标也许就会火起来。素有"方脑袋"之称的德国大众，偏不迎合，而是由下至上地把"VW"品牌往上推，将辉腾当作高端"奢侈品"来做。

"辉腾"是不计商业回报的产物。德国大众原董事长，有"辉腾之父"之称的皮尔希说，他就是想造一辆"极致"的车，而且挂VW的商标，毫不在乎市场的接受度，力排众议，一意孤行。这一违反商业逻辑的思维遭到了很多人的反对，完全是出于私人对造车极致的追求。正如皮尔希自己认为的那样，"推出'辉腾'意味着我们完全达到了自己的预期目的，那就是实现这个级别（奔驰S级、宝马7系）中前所未有的动力性能"。这种狂热，不仅使"辉腾"超越了奔驰S级整整一代，还使宝马7系望尘莫及。对此，皮尔希得意地说，"辉腾"的胜出本来就是计划之中的，不是因为对手在这方面过于薄弱。

其实，早在20世纪20年代末30年代初，德国乃至欧洲都对这个洋文十分熟悉，这就是名噪一时的豪华车品牌"辉腾"。当笔者在博物馆找到它的实车时，它就像文物那样被玻璃罩全封闭地罩了起来。文字解释说，当奔驰还在造货车和普通车时，"辉腾"已经在豪车中鹤立鸡群。然而，它的遗憾不但是昙花一现，而且是诸多的反思，以致后来销声匿迹，只能进博物馆看它了。

在决策层三分之一的人都反对的情况下诞生的"辉腾"，冲破层层阻力和非议，现在已经无可争议地跻身顶级豪车之列，尽管现在还是挂着一个普通的品牌，但已不重要，即便是有私人动机在里面，也不足为奇，客观上，这款车对于VW品牌形象的提升是任何广告和包装所达不到的意外收获。现在看来，"辉腾"即使不赢利，也是对大众产品美誉度最给力的贡献，亦是大众集团不小的手笔。

事实上，产品的成功不等于市场的成功。沉寂的"辉腾"开始走俏，也仅仅是小众，满足极少一部分人的需要。不管怎样解释，好马还得配好鞍。从消费心理上来看，"帕萨特王"不可能做到盖过奔驰的影响力，也不可能在认知度上赶上宝马"运动型车"。但有一点似乎在证明大众不但能生产品质可靠的大众化产品，也能生产出高端的豪华车。也正因为此，大众的牛气被打上了傲慢的标签，即便是在中国市场，也没改变多少。不是大众的大众产品"辉腾"，客观上低调，实际上并非如此，它是精神被物质化的产物。

(首发《东方早报》｜2011-03-17)

"雪佛兰是上海抹不去的记忆"

颜说：雪佛兰之于上海，是一坛陈年老酒，醇厚而绵柔。它的回归，激活了上海这座城市的历史，有了触手可及的感觉，海派风情由此可以不再空乏，变得生动而厚重起来。

VOL.44

论雪佛兰

我找到"上海老茶馆"的老板张荐茗时，他给我印象最深的是这一句话：雪佛兰是老上海家喻户晓的牌子，是海派生活不可或缺的元素之一。

雪佛兰重返上海已有11个年头。现在重又活跃起来，成为上海的一道风景。但是，在众多的传播中关注的主要是年轻和活力，却鲜有与老上海的内蕴连在一起。事实上，雪佛兰是老上海人心中的一个情结。十多年前，我在采访上海出租车大王周祥生的后代时，他们谈到雪佛兰在上海的故事时脸上就放光。在老上海的记忆里，雪佛兰就是上海怀旧的代名词之一，与上海的人文有着密切关系。从相关资料中可以看到，1949年前在上海坐得起雪佛兰或拥有雪佛兰当属"上流生活"的标志。20世纪90年代中期，我在采访通用副总裁杨雪兰时，她回忆说，雪佛兰是老上海最有影响的汽车品牌之一。

事实上，在上海还没有放开私家车消费时，雪佛兰的名头已经如雷贯耳。1993年，上海通用在沪成立了一家专修通用轿车的特约站，名叫"上海幼狮高级轿车修理厂"。总经理陶巍，有上海汽车修理大王之称，也叫汽车修理博士。当时，我在他的汽修厂看到过不少通用的汽车，大开眼界，除了大名鼎鼎的凯迪拉克和别克，就是雪佛兰。陶巍曾经这样形容雪佛兰，"这是上海人最熟悉的汽车牌子"。我注意到，用上海话说出雪佛兰这三个字是美妙的，在老上海的嘴里会找到久远的过去，那神态如临其境。彼时，上海还没有家轿的概念，即便是通过拍卖的方式获得的私家车，也不叫家轿，而是沿袭旧时的称谓，叫"自备车"。这是个让人怀旧的概念，重又回到了老克勒的海派生活。

"洋房，小包车"，这是过去上海人对上流社会生活的描述。今天看来，就是散落在上海的小洋房，和就是自备车的小包车，即私人备用的汽车，让人联想到有管家和佣人的富裕，似乎成了官宦之家的阶层象征。张贤亮在回忆他幼年在上海的富裕生活时，曾描述过家里有自备车时的情景，以及可以把车开进家门的私人住宅。

据史料记载，1949年前，上海是全国拥有私人汽车最多的城市，占了三分之二。而且以自备车也就是轿车居多。其中，美国车最多，上海人印象最深的莫过于雪佛兰。我曾请教过一些老上海，他们说，过去也有"商务车"，只是叫法不一，生意人和官员会选择别克。最典型的就是上海周公馆的别克，那是当年的豪华车。相对而言，雪佛兰就很接地气，从当时的广告就可以看出，很受上海人的青睐。凡遇大事，如婚礼、祝寿、庆生等，都会叫上一辆雪佛兰以示隆重和体面，这一风俗沿袭至今。我曾在2000年撰写的《元年不遥远》这篇文章中介绍过，在"文革"时期，上海人看到一辆上海牌轿车，都会凑上去拍照留念。如果谁家婚礼和老人祝寿有轿车迎送，那可是再风光不过的体面。当时，这种优雅，没有粗俗的攀比，而是对现代生活的认同，有仪式感的自尊。

为了了解上海人在新中国成立前的"汽车生活"，我通过上海历史学家郑祖安认识了张荐茗。张荐茗是上海知名的收藏家，曾以收藏张爱玲《太太万岁》手稿而出名。我在他的茶馆里看到他做的海报和明信片。在接触中，张荐茗给我的印象不仅仅是人文、历史、古董收藏的行家，还涉及交通和汽车相关的文史资料和实物。比如，他非常有心地收藏了雪佛兰的产品说明书、广告，包括当时的交规、学车要求、登记档案、驾驶执照、汽车牌照、户外广告、上门修理专车等，可谓一应俱全，反映了旧上海对私家车服务的周到，理念超前要远胜于当下，所不同的只是手段不同罢了。比如，可提供上门服务，专洗汽车中的地毯和内饰，这与当下时兴的"汽车宅急修"和"上门女婿"如出一辙。

我问张荐茗，你对雪佛兰为何这样情有独钟，况且外国车在上海也不少。他没有急着回答，而是用上海人特有的敏锐和精明看了我几眼说，"收藏并不仅是靠经验，还要有知识和阅历"。在他看来，像雪佛兰这样的老牌子几乎是与老上海连在一起的"生命体"，如果缺少了汽车，上海20世纪30年代的繁华也就成了一句空话，怀旧的理由也就空乏。正因为有这样的直觉，当别人对张爱玲《太太万岁》手稿难辨真伪时，他凭直觉高价拿下，书写了沪上收藏的一大传奇。所以，张荐茗看中雪佛兰完全出于上海对这个品牌的情感，严格地说，是从这座城市的角度在寻找历史的记忆。

张荐茗的眼光没有错。可以说，雪佛兰是记录中国汽车消费最早的"活化石"之一。从张荐茗的收藏中，我看到了旧上海的汽车消费已经非常发达，尤其是服务的到位，无论是理念还是要求都做得比现在还要到位和贴切。比如，对驾驶员开车要求，除了有保证书，还要按上手印，有人格上的承诺，被看作一件庄重而神圣的事。

在张荐茗的茶馆里，有一幅用搪瓷做的雪佛兰户外广告，让我吃惊的是，这不是轿车，而是货车和客车，用今天的专业术语来说，应该叫"商用车"。由此可以证明，雪佛兰品牌是进入中国系列最全的汽车品牌。后来，我又从史料中找到了20世纪40年代雪佛兰与上海的生活场景，比如，在上海新式里弄里，有一个小孩坐在雪佛兰发动机盖上，童趣盎然，生活气息浓烈；以篱笆围墙为背景的雪佛兰，反映了老上海对品质生活的审美。这些信息告诉我们，雪佛兰过去给上海带来的不仅是优雅的生活方式，还是构成老上海风情的纽带。由此回想起二十多年前第一次听到这个品牌时情景，难怪老上海会那么起劲地以骄傲的口吻回忆旧上海的桥段，原来自备车与私家车还是有区别的，就像怀旧与乡愁有着本质的不同。

雪佛兰之于上海，是一坛陈年老酒，醇厚而绵柔。它的回归，激活了上海这座城市的历史，使之有了触手可及的感觉，海派风情由此可以不再空乏，而变得生动而厚重起来。

(首发微信公众号"汽车有智慧" | 2016-03-10)

黄浦江让别克焕发活力

颜说：所谓的品牌日，就是一种再出发的仪式。用诗化的"心远方"掩饰不住汽车革命的严酷已经开始，不论声势造得多大，最终还是市场决定你的远方有多远。也许，行动就是最好的回答。

VOL.45
论别克

选择初春的上海，在灯火璀璨的黄浦江的夜晚，别克再次登场，以品牌日的名义走进公众视野，以此表达对未来的畅想和期待。

19年前，也是在这里，南浦大桥下，别克重返上海滩。上海这座城市以极大的热情拥抱这个远离多年的老朋友，重拾记忆，一同走进历史。今天，重又在这里举行面向未来的"心远方"活动，表明别克在上海又进入了新的发展时期。

我想，这是冥冥之中的事。在我看来，这是正在发生的历史。

在我的印象和记忆里，别克与上海有着千丝万缕的关系，深植于海派文化之中，在市井之中亦有抹不去的记忆。从某种意义上讲，这也是上海这个大码头的组成部分之一。

我是目睹了这个品牌重返上海的过程的，也记录了这个品牌正在发生的变化。在不少人看来，别克深植于上海才有生命力，这是它在中国赖以生存的根，离开了黄浦江就会失去光泽，而不论它过去有多牛。过往的事实表明，通用除了上海，几乎在华投入都不曾顺利和成功过。这就是奥妙和魔咒。

有人说，上海这座城是用车轮滚出来的，而美国车几乎占据大半。其中，别克是上海人最为熟悉的牌子。如果用吴侬软语的上海话说别克这两个字，倒是别有一番味道和情调，就像老克勒嘴里吐出来的缕缕雪茄青烟，久久飘散不去，在空气里弥漫着一股香味，瞥见呷着咖啡神态下的优渥，不时会冒出几句洋文，引以为是一种风尚。

在旧上海，别克代表了富裕阶层的一种生活方式，也是上海了解世界的一个窗口。资料显示，早在20世纪20年代，别克就出现在上海的街头。丰田汽车公司原会长丰田英二在他的回忆录里就说过，当时的上海是个摩登世界，车水马龙，高楼大厦，要比东京都繁华，而且西化。他对他的伯父丰田佐吉（在上海开设了丰田铁工厂和纱厂）说，他想待在上海，不想回去。上海满街跑的汽车给年轻的丰田英二留下了现代化的印象。

如果追溯历史，早在1929年，别克就在上海设立了汽车销售办事处，也就是今天的销售店。资料显示，最高峰时旧上海汽车洋行约有18家，其中美国汽车洋行居首，影响最大。1946年，周公馆里周恩来用的座驾就是别克。2000年，上海汽修三厂找到这款车时，几乎报废，重又把它当作文物修复如新，现陈列在思南路中共代表团驻沪办事处纪念馆里。

改革开放初期，上海首次与国外汽车厂商接触的就是美国通用汽车公司。有趣的是，据权威人士回忆，"汽车合资"的概念还是通用公司最早提出来的，并建议上海不妨试一下。但历史很幽默，出主意的通用倒是没有享受到近水楼台的好处，与上海失之交臂，倒是被拽着几次想打退堂鼓的大众坐享其成,先开风气。这样的故事,今天听起来有趣,但在当时却是一种苦涩。当然,通用后来追悔莫及,吸取教训,抓住了上海再次伸出橄榄枝的机会,后来居上。

无可否认,由于通用准入,中国汽车业和市场的格局立刻发生了变化。从别克到雪佛兰再到凯迪拉克,很快就有了"汽车营销"的概念、"汽车信贷"的概念、"资本运作"的概念、"新能源汽车"的概念等。用今天的眼光来看,上汽通用的风生水起,得益于新的观念、新的思维、新的战略。

1999年,在其昌栈码头邮轮上发布了别克"宁静思远"的广告。享有"上海一号工程"待遇的上汽通用,成为当时浦东开发的"龙头项目",也是当年上海车展上最耀眼的明星。2001年,在十六铺码头,借助一款别克古董车(1913年)的赠车仪式,舆论再次掀起了别克重返上海滩的传播热点。

至此,黄浦江成了别克最先登台亮相的舞台,老码头也就成了连接历史和现在的缆桩,更是起锚远航的地标。

如今,拥有700万用户的别克在一个老码头上再次上演"光荣与梦想",用"展翅飞翔"(别克的立标)的姿态推出了代表未来的概念跑车(Avista双门轿跑)和全新一代君越混合动力车,与第一代赛欧、凯越、英朗交相辉映,让光影在怀旧的校园歌声中回到历史现场,留在刚刚翻过去的时代岁月中。这种感觉,也只有在上海才能找到。这就是文化。

事实上,上海已经把别克打造成具有地域性的品牌,并不完全是舶来品。正如内行人评价全新一代君越时所说,这是上海的,也是国际的,但它更属于"上汽通用"的。这一点,连老美都颇为认同。如今的全新别克越发年轻而有魅力,富有朝气而有活力。

这是历史的事实,也是正在发生的历史。

上海是别克的福地。从老别克到君越再到君威，以及一代、二代乃至三代，所勾画的不正是本土化、当代化的过程？而这一切不都是由中国的市场和文化改变了其审美，使其有了特有的气质和风格？这在别克历史上可谓传奇而浓重的一笔，是抹不去的中国属性。如今别克有了Avista，但那只不过是概念，依然是对传统的致敬，而能真正代表未来的还得靠全新一代君越混合动力车的奋力前行。

所谓的品牌日，就是一种再出发的仪式。用诗化的"心远方"掩饰不住汽车革命的严酷已经开始，不论声势造得多大，最终还是由市场决定你的远方有多远。也许，行动就是最好的回答。从这样的角度看，黄浦江再次让别克开始焕发青春，找到了感觉。

（首发微信公众号"汽车有智慧"｜2016-04-19）

为什么说宝来天生是个喜庆的车型?

颜说:回顾历史,宝来不是一款简单的车,有过不凡的贡献。而今,全新宝来将颠覆以往的保守和固执,以开放和新锐的风格重塑家轿新坐标。从这样的视角看全新宝来,不难看出大众品牌有了新的气象和追求。

VOL.46
论宝来

宝来天生是个喜庆的车型。当年推出时就是个很讨人喜欢的家轿。用今天的话说,这是一款颜值很高的车型,即便在车型眼花缭乱的今天,宝来依然十分出众,吸引眼球。2016年3月20日,全新宝来在海南岛冯小刚电影公社上市,再次引爆时尚潮流的新看点。这让我想起一段有关宝来的往事。

1999年11月中旬,原德国大众董事长皮尔希来华,有一个重要议程,就是代表大众集团董事会赠送一辆特制的车型给正在养病的原一汽集团总经理耿昭杰。此时,我正在策划一本"走进汽车"的画册。大众中国通知我记录这个珍贵的历史瞬间。

1999年11月15日,大众在北京凯宾斯基室外空地的普拉那啤酒坊边上临时搭建了一个帐篷。给我印象最深的是,帐篷里除了摆放一组沙发、茶几、吧台，还有五款车型，即桑塔纳2000、新捷达王、帕萨特B5和奥迪A6，以及未见过的BORA（当时中文还没有命名，中外双方在致辞中都叫"伯乐"）。

"这是大众最新的车型。"

皮尔希对耿昭杰说，今天向你赠送的这款车是大众集团对你为合资企业做出贡献表示的敬意。同时，他对在场的一汽集团的高层说，大众的车型全部向你们敞开，并展示了皮尔希随身携带的大众汽车型谱。大家聚拢，望着放在地上铺开的"型谱"喜形于色，如同在看武功秘籍那般神秘。当时一汽高管对皮尔希说，中国有一句古话，多了嚼不烂，成熟一个（看中）消化一个。

此时，一汽大众已经看上了皮尔希推荐的这款时尚的新车型——BORA。事实上，这个赠车仪式，也就是BORA在华国产的敲定。两年后，这款车问世，改名叫宝来。这也是一汽大众继捷达之后更贴近市场的一款是时尚的家轿。

这真是一款人见人爱的车型。后来被车界称为最时尚的车型。当时，我有一个媒体朋友买了这款车，觉得很有面子，他对我说，这车也真长脸，出门回头率很高。跨入21世纪，在"老三样"（普桑、捷达、富康）"容颜"开始日趋衰老之际，有这么一款靓车（宝来）做替补，给正在步入家轿时代的市场烧了一把火，这倒不仅仅是为黄金十年带来一部爆款的新车，而是预示了汽车时尚潮流即将到来。

不过，在当时还没有完全意识到消费开始升级，即由功能消费向时尚消费悄然在转变，因此，对这款车的描述和介绍还是基于性能和做工，尚未从时尚和年轻的角度去传播。应该看到，在汽车消费尚处在"面子消费"的虚荣和浮躁的时期，宝来带给消费者的印象是真正的年轻、时尚，定位清晰，讲究品质和质感，保持了德国车的风格和纯真，而不是"委曲求全"（盲目加长，增大空间）。

从市场反映来看，宝来的畅销让家轿摆脱了廉价的时尚，传递了有生活品质的年轻家庭生活，代表了阳光和富有生气的多彩人生。回想21世纪初，当"新三样"（凯越、卡罗拉、伊兰特）出炉，掀起美、日、韩家轿席卷而来的风暴时，宝来的市场表现给德系家轿的坚挺撑足了面子。尽管当时有"捷达王"和"99新秀（改进型普桑）"，但"过气"和不合时宜的议论四起，遭舆论诟病，并非空穴来风。在这样的背景下，宝来代表德系家轿成了"中流砥柱"，此前，南北大众还没有一款值得大家认同的代表性家轿。相对于新一轮汽车合资浪潮中涌现出来的新生代——上汽通用、一汽丰田、北京现代等，南、北大众进入了产品更新和换代的瓶颈期，大众在华发展明显受到了竞争对手的挑战，尤其是通用和丰田的两面夹击，迫使大众必须加大在华的技术和产品的投入。

"没有别克就没有帕萨特。"这是当时外界对大众被迫应对通用挑战的评论，而丰田一次性宣布将皇冠、霸道、卡罗拉、考斯特等五款车型拿到中国生产，震惊了业界，这也就在逼迫大众在华做出新的抉择：不在新产品中生，就在老产品中死。所以，在南、北大众新老产品的过渡期，宝来的横刀立马功不可没，为大众在华续写传奇赢得了时间。

然而，皮尔希赠车耿昭杰给我留下的印象还有更深刻的另一面。在皮尔希看来，宝来是适合中国需求的理想家轿，而耿昭杰并不这样认为，他向皮尔希提出要生产6万元的家轿，让更多的人能享受到家轿的文明，考虑的是如何体现国家意志，加快实现小康生活的步伐。皮尔希听后摇头，用双手做出无法实现的手势。不过，他很快改口，说前提必须是规模上百万辆。这种敏锐，不仅反映在皮尔希身上，他的前任哈恩更是个先行者。如果没有这样的嗅觉，大众在华就不会捷足先登，也不会有今天这样的成功。

尽管大众在小车方面也尽了努力，比如，当时上海大众推出的波罗，并没有宝来成功，原因是没有屁股的两厢，价格偏高。现在看来，当时的宝来对于一汽大众确实是个"宝贝疙瘩"。在一汽大众引进的车型中，这款就像大家族中"老小"，不仅基因好，颜值也高，用现在时髦用语来形容也可以叫"小鲜肉"。

那么，全新宝来又将会带来什么？选择体验、互动、共鸣的方式来展示全新宝来时尚和前卫，让后现代的先锋超乎想象，充盈着国际范儿的诉求。全新宝来上市还创下了没有主持人，没有高管致词，没有技术讲解，没有市场定位和介绍，没有价格宣布（通过功夫熊猫的肢体语言呈现在大屏幕上）的上市先例。

整个新车发布是以一个"趣动之城"的游历来完成的。这是个感知宝来魅力、体验趣味生活、融入文化先锋、引发共鸣的互动过程。即从欢迎电梯开始，步入"设计坊""能量场""空间廊""科研所"；再进入"趣动广场""影趣院"，最后来到一个互动秀场，将新车发布推入高潮，出现了与会媒体和演职人员共同完成在"苍穹"下的行为艺术——与星球使者共舞，产生了色彩斑斓、活力四射、激情洋溢的生命季风，演绎了时尚及潮流的寓意。

这就是宝来！一个全新的德式时尚宝贝来了。它将颠覆以往的保守和固执，以开放和新锐的风格重塑家轿新坐标。从这样的视角看全新宝来，不难看出大众品牌有了新的气象和追求。

（首发微信公众号"汽车有智慧"｜2016-03-20）

上汽大通D90会否复制G10的套路？

颜说：以今天的眼光来看，上汽大通是一个新型的汽车后时代车企，也是国内首家以汽车全领域为业务模式的车企，横跨商用和乘用两个领域，"上下通吃"。人们关注的倒不是上汽大通的"胃口"，而是这种发展模式是否会产生多米诺骨牌效应。

VOL.47

论上汽大通

北京车展在即，各大汽车厂家都在预热他们的新车或即将推出的概念车。作为轻型商用车后起之秀的上汽大通也不例外，也会在这次车展上推出他们首款中级全地形SUV概念车，起名D90。尽管厂家说这是概念车，事实上，已经设定了上市的时间表，人们可以翘首以盼。

2016年4月14日，来自全国部分知名媒体人和技术派专业媒体齐聚位于上海总部的上汽大通，对这款车的即将亮相作了前期的采访和对话。

厂家开门见山说，这是一款有需求却产品稀缺的小众车型。产品定位是差异化，满足需求，创造价值。综观性能和技术及配置、相关数据和测评显示，与合资产品有一拼，并且毫不逊色，尤其是在价格上。

研发人员介绍这款车时说，除了有诸多爆点，其最大的亮点就是动力、油耗、空间。这在同级车型中颇具竞争力，属于有实力的挑战者。在技术派媒体的轮番"质疑"中，厂家除了释疑解惑，还侧重介绍了这款车的市场定位和即将直面的捉对厮杀。

上汽大通高层表示，"我们向来不怕竞争，或者说就是为了接受并迎接挑战和竞争而生的车企。"他们认为，在SUV日趋饱和、竞争加剧的态势下，上汽大通决定上SUV并不是心血来潮，也不是跟风或赶时髦，而是经过长期酝酿和准备，早就锁定了想要攻克的目标市场。

资料显示，2016年北京车展有60款左右的SUV新车和概念车推出，将这看成是一场SUV群英会一点不为过。但在上汽大通看来，在这些SUV当中，多半以上是A0级的SUV，偏小型或叫紧凑型，缺少中大型，能满足7~8人乘坐的SUV凤毛麟角。这就为D90提供了机会。市场分析表明，大型SUV属于小众市场，而且高冷，卖得好的不多。那么，上汽大通为何看中这个市场？

"大家都看好的，容易做的，技术含量不会很高。"上汽大通在回答媒体提问的同时，也抛出了他们对SUV市场与众不同的看法。"我们不会重复别人，也不会走捷径，我们是要开辟新的细分市场，并且要做得更好。"上汽大通不回避SUV杂草丛生的现状，也清醒地意识到这个市场的无序，以及所面临的危机。

改变格局。这是D90肩负的重任。上汽大通高管直言，他们都是做传统汽车出身，也都在合资企业里跌打滚爬过，又都是干专业的，受过良好的职业训练，并在市场上摔打过的一批人，不会简单地走造车卖车的路子，而是想蹚出一条发展中国自主汽车的新路来，跻身世界汽车之林。因此，无论是思路和打法都与以往不同。当有媒体问及D90技术平台从哪儿来时，厂家的回答很幽默，"天上掉下来的"。这也就是说，此车完全由自己研发制造，是整合上汽及世界资源为我所用的成果。这种底气从G10的成功已经得到证明，这又是"天上掉下来的产品"，将不可能变成了可能，并且得到了市场的认可，创造了一个全新的细分市场。如今，在上海每10辆MPV中就有一款G10，销量已经超过GL8，成为沪上流动的风景。

上汽大通自2015年在广州车展上宣布更名以来，以全新的车企形象出击市场，向外界释放出强烈信息："上汽大通已从一个商用车企变成了数字化C2B业务的跨界车企。"而以"大大的MPV"著称的G10，除了超越同级别MPV的车厢空间，无论是驾乘体验的舒适性，还是动力和油耗强劲的经济性，也都堪称领先者，几乎没有竞争对手。此案例表明，创造和开辟新兴市场，细分或颠覆已有的市场，G10是后来者居上成功的代表。从V80到G10，上汽大通剑走偏锋，短短五年，攻城掠地，以年均140%增长速度，站在了细分市场的主导地位，可谓风生水起，游刃有余。如今，D90来了，比G10来势更猛，套路却有惊人的相似。

以今天的眼光来看，上汽大通是一个新型的汽车后时代车企，也是国内首家以汽车全领域为业务模式的车企，横跨商用和乘用两个领域，"上下通吃"。人们关注的倒不是上汽大通的"胃口"，而是这种发展模式是否会产生多米诺骨牌效应。

在营销上，上汽大通打的是"为消费者定制、高性价比的车型，让价格回归理性，与合资品牌同台竞争"这张牌。以D90为例，玩的是"宽体SUV"概念，不仅在外形和空间上占有优势，还在智能化和车联网上颇为前卫且引领风气之先（可满足消费者极致需求，吸纳消费者共同参与设计等）。用他们的观点来说，就是发现市场"痛点"，抓住"空白"，提供"价值"，满足"需求"。

以大数据为手段全面介入汽车研发和市场开发，去权威化，解构需求，顺应互联网时代下的汽车转型驱动发展。这就是上汽大通的活力所在。我们从厂家对D90描述中不难看到这与传统汽车确实有所不同。这种变化，无论是研发和制造，还是服务和营销，都在突破或正在改变传统汽车固有的思维和模式。首先，D90将是一个"车生活的产品"；其次，是智能化规模定制；再次，车联网应用的移动终端；由此构成一款"全能跨界的SUV"已不是虚构，带有互联网基因和数字化汽车已然呈现。

  如果这是以汽车后时代思维在运作传统汽车的典型案例，那么，上汽大通就是走在汽车后时代前面的代表性车企，打破了行业分工，使汽车变得模糊起来，但激活了市场本质，满足了需求，为汽车企业的转型带来了新的活力。

（首发微信公众号"汽车有智慧"｜2016-04-15）

东风雷诺想打什么牌？

颜说：法系车在中国的困境和尴尬由来已久。尽管大家都意识到这是文化和习惯的不同所致，但都没有正视过价值观的不同。事实上，范式效应是"娱乐文化"，赛道激情是"欧式文化"。虽然不能将"大蒜"与"咖啡"相提并论，但两者的融合确实需要费思量，还要花工夫，弄得不好，不是哗众取宠，就是自娱自乐。切勿"肉食者鄙，未能远谋"。

VOL.48

论法系车

自称中国最后一个汽车合资企业的东风雷诺再次把"宝"押在了SUV上？

2016年3月18日，首款国产科雷嘉上市，表明这位后来者开始披挂上阵，杀入了众车喧嚣的SUV市场，由此踏上了这个号称欧洲第二大品牌的中国之旅。

在2016年4月13日上海举行的"王者归来·雷诺F1嘉年华"活动中，东风雷诺亮出了他们的王牌——赛道文化，祭出F1，提出"激情生活，无处不在"的口号，将运动与时尚联手出击一个自定义的"激情市场"。

在这之前，东风雷诺在预热这个品牌时也曾借助上赛场的围场举行过赛道知识普及，为其造势费了一番心思，但投入太小，如蜻蜓点水，只能说湿湿手，尚未下水。但在第一款国产车未推出之前，以进口的方式上市的卡宾曾在北京798隆重上市，倒是动静不小，走的是时尚路线，并把这款沾满法国风情的紧凑型SUV比作"小鲜肉"，以此博得众人眼球。与先前的赛道知识普及一样，还是属于练练手的试探，旨在SUV风潮中寻找新的突破。

结果并不乐观。至少这种出思路还是俗套，而且没有充分的思想准备，还是跟着感觉走的套路，没有新意和特点。而今，以磅礴气势狠劲出手，开始与竞争对手较量，摆出了宝刀不老的架势，制订了在华年销量3%的目标。

2015年底，为了预热合资企业第一款国产车，不惜巨资请来范冰冰为科雷嘉做形象代言。广州车展上范冰冰一出场，风头就盖过了整个展会，大放光芒，被刷屏，尤其是那些搞怪的动作在坊间很快流行起来，传递给公众和消费者的信息是："科雷嘉是一款时尚产品。"由此，不能不联想到苏菲·玛索，另一款法系国产豪车的代言，相较之下没有这样"凶猛"，显得低调而温和，如果没有春晚，国人至今还会对苏菲·玛索感到很陌生。但是，如果把这两者对照起来看，就会发现，这是完全不同的类型和文化代表。

在文化批评家威廉姆斯《关键词》中对文化的三种分类中，首先是基于人。他认为，"首先是作为个人的教养或素质和能力的培养，以此评判一个人是否有'文化'。"人们所接受和认可的"文化"，实际上就是他们的生活方式。从这一点上看，东风雷诺的判断和选择似乎没有错，达到了亮眼的预期，迎合了一种饥渴，正如赫胥黎所说的"犒赏型控制"。

在刚闭幕的武汉马拉松赛事，东风雷诺再次出手，冠名比赛，一夜出名。在全国曝光的同时，也为自己的横空出世作了宣传，并尽了地主之谊，可谓手笔不俗，出乎意外，超乎想象。2016年4月17日，雷诺车队将现身上海F1赛道，再次高举极限运动旗帜，自喻"王者归来"，醉翁之意不在酒。

这一系列动作都意味着什么？在媒体沟通会上，就范冰冰为科雷嘉做形象代言的事，东风雷诺市场部部长熊毅介绍，"这是出于知名度的考虑，还有范冰冰的气质与这款车很契合"。说明东风雷诺已经意识到自己的短板在那里，用熊毅的话说，雷诺品牌在中国缺少知名度。而范冰冰正是当下走红的影视明星，有"民国名伶"之称，不缺粉丝和影响力。从外界的反映来看，科雷嘉在范冰冰的形象下，引起的消费者关注度已经超出了预期，事实上构成了文化娱乐的话题。在武汉马拉松赛事中，范冰冰不辞辛苦地从西藏片场赶来为东风雷诺站台，再次掀起追星族的狂热和追随，为科雷嘉长脸不少，熊毅颇为得意地说，效果不错。

雷诺为何重返F1？这不仅是中国媒体关注的事，外媒也同样关注。熊毅说，2016年2月，在东风雷诺工厂落成典礼上，戈恩就此回答，雷诺重返F1是为了中国市场。他重申，中国市场对雷诺很重要。将这个诞生在赛道，或者说为赛道而生的品牌让中国人知道，唯有通过赛道来呈现这个品牌的光荣和梦想最为贴切。

这是典型的法国式的思维。凭戈恩对中国的了解，也许他的思路没有错。除了后来的雷诺，英菲尼迪已在中国风生水起。我们注意到，英菲尼迪也在打"F1文化"上做足了文章，将赛车技术转化在汽车及量产车上，将豪华与F1捆绑在一起，四处渲染。这样，两个品牌可以共享雷诺的"赛道文化"，资源的利用率可以大幅提高。于是，在亮相的车手身上，我们看到了雷诺和英菲尼迪的LOGO，并在赛车上也能看到。

不可否认，这是汽车最本质的东西——性能。这也是欧洲汽车文化的重要组成部分。但从接受度上来看，我们又不得不关注到不同语境下的消费差别。即"制度和社会习惯受价值观的影响"这一无法回避的事实。法系车在中国的困境及所处的尴尬由来已久。尽管大家都意识到这是文化和习惯的不同所致,但都没有正视过价值观的不同。事实上,范式效应是"娱乐文化",赛道激情是"欧式文化"。虽然不能将"大蒜"与"咖啡"相提并论,但两者的融合确实需要费思量,还要花工夫,弄得不好,不是哗众取宠,就是自娱自乐。切勿"肉食者鄙,未能远谋"。

(首发微信公众号"汽车有智慧"|2016-04-14)

DS撩拨的瘙痒是什么?

颜说：凭借DS 7 CROSSBACK的设计定位（品位和格调），超越了对物质的满足，注入了时代气息和个性的放飞，但又不失为对生活的阐释和诱导。这种先锋和前卫秉承了DS的创新和跨界的融合，把豪车设计推向了与时代相呼应的高度（不是迎合消费，而是创造消费），让人耳目一新，茅塞顿开——新豪华的生命离不开时代精神的物化。

VOL.49

论法系车

DS在中国的尴尬似乎一直在考量着我们的审美。在以销量多寡为判断依据的当下，始终局限在量化的表象，而从不去体悟质的内涵，这就导致中国豪车"富而不贵"的隐痛并没有因需求的兴旺在减弱，倒是在加剧至近乎麻木。这也就是今天我们为何要提DS的现实意义，它所撩拨的瘙痒究竟是什么？

五年前，DS落户深圳。在奠基仪式前，广东省政府官员在接见PSA（标致雪铁龙集团）高层时说，我们不缺汽车，缺高端汽车。PSA表示，我们不缺高端，缺市场。这是一段礼节性的会晤，却彼此道出了各自的需求，建立共识。时至今日，情况怎样？

"如果从销量上来看,DS也许不尽如人意,但它对汽车奢华的诠释却不可小觑。"这样的评价很中肯,况且,在人事不断变动中,DS还是不断有新品推出,车主群也在不断扩大,认同度在攀升,呈现出与其他豪车迥然不同的风格,显得格外抢眼,但并不因世俗的诉求而轻易妥协或改变,守住了法式优雅的底线。内行人,一见倾心,接触之后,就离不开。

有人说,这才是"高端",因为有内在的气质。也有人说,这就是奢华,因为有诸多青睐的质感。从印象到细节,再从感性到体验,这种与众不同并不在于敬而远之,而是触手可及,心有灵犀还接地气,提供的感觉连ABB(奥迪、宝马、奔驰)都难以给予的——格调。遗憾的是,有人一直拿售价说事,以此区分豪华与否,却无视非物化的——韵味。

相对于ABB逐渐成为街车,DS倒是显得稀缺而尊贵起来。由此引发对豪车的不同诠释值得关注。在需求多样性和品牌丰富化的今天,人们已经不满足传统的豪华和高端,开始厌倦重口味的功能和累赘的配置,倒是倾心于轻奢华的现代性。这种新与旧的豪华冲突,表面看是时代与年轻,传统与时尚的分界,背后则是因产品迭代而产生的激变。以往对于豪华的理解总把它当红木家具对待,就像欧罗巴的建筑,过于堆积和烦琐。而今,人们对于生活和审美的诉求已不再是物欲的占有,而是偏向于现代的简洁与时尚的表达。

我想,这才是DS的卖点。它所传递的是来自巴黎新式豪华的前卫和时尚,注重设计现代、科技前端。无论是手艺还是材料,以及对于视觉的表达等,可以说,其"肢体语言"之丰富不仅在造型线条勾勒出的性感,抑或内饰的感性,以及机械与智能交互融为一体的人性化等,核心是把豪车当作了艺术品,视生活为艺术,而不仅是被消费。如果仔细捉摸,DS的商标就与众不同,它完全是高度艺术化的符号——犹如女性人体的异化,这是汽车中找不出第二个的精妙设计；其次，将这一符号演化为一种图案隐匿起来，变成DS的DNA，让奢侈触手可及；最后，通过这一细节的无处不在提升整车品位和档次，大有"腹有诗书气自华"的丰厚底气。

从DS落地中国起，无论是传播还是展示，乃至营销和推广，总在凸显工匠技艺，不厌其烦地演示汽车做工的考究并与奢侈品相提并论，就像对待艺术品那样一丝不苟，精工细作。这样的展示只有奢侈品才会有。在汽车产品高度工业化中还保留这样的工匠技艺，不仅说明DS的高贵，还有文化的传承。对此，我曾采访过DS的代言人，法国著名影星苏菲•玛索。她说，巴黎不止是咖啡，还有艺术。在高度现代化的法国，到处是咖啡馆，这不仅是集生活和休闲的场所，也是精神牧场。那种投入、举手投足、穿戴打扮、言笑之间，俨然是令人羡慕的生活方式，自然而有腔调。所以，巴黎的时尚不是随意的肤浅或被轻易擦掉的口红，而是源自骨髓里的不羁和自由，既浪漫却不随便。故所谓的前卫，首先是思想和观念的放开，而不止是言行，还有对生活的创造，就像置于市中心的蓬皮杜艺术中心那样，既深入民间，又与巴黎融为一体。

我曾与时尚界人士聊过法式时尚与设计。可以说，迄今为止，法国依然是当今世界时尚界的中心，犹如它的文化一样，站在卢浮宫跟前就会感觉得到。三年前，DS第二款新车——DS 5LS在卢浮宫推出，给人的震撼不是场面，而是时尚的氛围。没有过度的渲染，而是将文化的积淀和时尚的创新融入这款新车里，脱俗典雅，犹如珍藏在这里的文明，融入其中。我为之感叹，也只有DS能支撑这份荣耀，正如法国人所说，DS代表了法国。如果细想一下，巴黎街头奔跑的DS不正是一道时尚的风景？苏菲•玛索说，我喜欢开DS，随性而轻松。相较于德系豪车，法系豪车有情调，正如评论所说，法国人懂艺术，德国人懂机械。

在对豪车得长期观察中发现，豪车的选择其实就是文化的选择。由此，会很自然地划分出不同的圈层，代表了不同的品位和价值取向。这往往回避不了职业和文化的背景。比如，一位四川女孩一眼就看中DS。我就问，你为什么喜欢这款车？她说，好看，有艺术感，开这样的车回头率高，也符合我的身份（模特）。同样，一位从事山水泼墨画创作的年轻人，也喜欢DS，认为这车的个性代表了时尚。事实上，在设计师眼里，DS设计的风格就是艺术。从它的品牌历史来看，汽车就是艺术的异化（DS常被制作成装置艺术）。一位收藏家曾对我说过，收藏DS就是当作艺术品来收藏。

在2017年日内瓦车展上，DS推出一款全新的SUV——DS7 CROSSBACK，再次引起车坛关注，尤其是设计圈，被视为设计的艺术。这说明什么？

"我们创造（设计）的这款汽车，它将在时间长河中留下不可磨灭的印记。"

这就是DS7 CROSSBACK的自信。据介绍，这款车是针对开拓者、潮流爱好者、运动员和艺术爱好者……寻找新汽车体验和独特感觉的客户而设计的。我想，凭借这些定位，其品位和格调就不低，并超越了对物质的满足，注入了时代气息和个性的放飞，但又不失为对生活的阐释和诱导。这种先锋和前卫秉承了DS的创新和跨界的融合，把豪车设计推向了与时代相呼应的高度（不是迎合消费，而是创造消费），让人耳目一新，茅塞顿开。新豪华的生命离不开时代精神的物化。

DS是经历了半个多世纪打磨的法式豪车品牌。上至总统和社会名流，下至车迷和百姓，都把DS视为"移动的艺术"。所以，DS的每一款车型都代表了法国不同年代和时期的生活诉求，可以载入史册的活标本，也是世界公认的法式风尚之一。有鉴于此，DS在中国的尴尬就不难解释，主要还是认知的偏颇。说明中国的豪车消费还停留在过于功利和单一的物质化，审美存在局限，尚未进入时尚多样性的选择。尽管有购买能力，但还是缺少鉴赏能力。也就是说，汽车现代化容易，但要汽车现代性却不易。看来还有很长的路要走。我想，这就是DS对豪车撩拨所产生的瘙痒。

2017年3月18~20日于江浦公寓

（首发微信公众号"汽车有智慧"| 2017-03-22）

从饥饿到温饱？名爵锐腾推"十万元手排"

颜说：高性能SUV"手排"从十万元切入，这是提升低端产品能级，改变自主品牌形象，树立"公民车"自信的战略举措，也是倡导驾驶技能和素养提升的途经之一。如果以长远看，有不可忽视的积极意义。我不敢预测名爵锐腾十万元"手排"推出会掀起多大的浪花，但我认为它是中国汽车消费由饥饿型走向温饱型的代表之一，这将是不争的事实。

VOL. 50
论"手排"

"手排"这个词是可以拿来鄙视"自排"的热词。这是关乎会不会开车的问题，也有其他复杂的因素。

日前，名爵锐腾推出2016款，其中就有"十万元手排"。我觉得有意思。有人问，为什么？我说，十万元对于中国普通消费者来说还是一个准入的门槛。如果翻开21世纪的首页，一款十万元家轿的"小别克"竟然敲开了"中国汽车元年"的大门，终结了长期以来有关家轿准入的价格争论。一锤定音，不再有异议。

然而，对于这样一个重要的历史细节，没有人关注，也没人研究。表面看它是中国汽车由姓公到姓私的分水岭，实际上它是中国社会转型的标志。

今天，锐腾推出"十万元手排"给我触动的也许不是车，而是历史的轮回，似乎又在敲开一个新的汽车消费大门。

我想，放大了看，这是汽车消费由饥饿走向温饱的标志；说小了，这是个性化选择的开始。关键词是"手排"的回归，从十万元起步，重又回到原点。

请不要小看这"十万元概念"，历史往往就是被一个小小的支点撬动了变革或转型。古人说，不因善小而不为。关键它是SUV，释放的不全是产品信息，还有社会消费心理。

统计数据显示，目前SUV是最受欢迎的车型，业已成为拉动汽车销量的主力。2015年SUV销量622.03万辆，同比增长52.39%，而轿车销量1172.02万辆，同比下滑5.33%。权威机构预测，2016年轿车将继续下滑，幅度在5%左右，而SUV会延续呈现高速增长的态势。从总体销量来看，紧凑型SUV占40%。

在这样的背景下，名爵锐腾以高颜值、高性能、高智能发力，打破格局，并以"8秒破百""38米刹停"的出色表现令同级车望其项背。从综合性能和指标来看，1.5T手排不仅性价比高，物超所值，而且配置和标准都要优于同级车，堪与B级车媲美，如双色马鞍棕内饰、配备8英寸屏的互联娱乐系统、高档皮质座椅、车顶行李架、高清倒车影像等。加上硬朗的外形设计，富有张力的视觉冲击，无论是质感、触感、体感，锐腾都能从各个层面带来与众不同的体验，超越了地域的国际化审美，包括一流的制造水准，使这款车的精致程度堪比合资产品且更胜一筹。用专业人士的话说，这款车没有"死角"，均衡有亮点。

严格地说，这是一款英国范儿的车，既传统又时尚，尤其是卷福代言，给运动车的特性赋予了绅士般的书卷气，再现了MG品牌的运动基因和百年传承的文化调性。锐腾标新立异，睿智大气的不仅是外观，还有内在的气质。应该指出，MG品牌被上汽乘用车收购之后进行了脱胎换骨的"改造"，如同百年玫瑰重又绽放。无论是设计，还是技术，乃至制造和工艺，都留下了上汽的烙印。这与一般的自主品牌有所不同，它是中国自主出品的第一款纯正的国际品牌。

以这样的优等生开启"十万元手排"SUV要比当年"小别克"的"十万元家轿"来得更加有现实意义。就产品而言，不可同日而语。论品牌，"小别克"最终还是回归赛欧（根据原巴西雪佛来两厢车改进车型），而名爵锐腾则源自MG正统中文，起步就与国际接轨，跟世界时尚同步（自主正向开发的全新车型）。同样是十万级车，含金量却截然不同，背景也发生了变化，但都来自上汽的旗下，打的则是自己的牌子，集成了集团的资源和优势。

那么，这都对名爵锐腾十万元手排又意味着什么？

当下，"自排"当道，业已成习，蔚然成风。对大多数有车族来说，现在会开"手排"的已经不多了，尤其是女性，十有八九是开"自排"车。不过也有喜欢开"手排"的，毕竟不多，市场上提供的多半是"自排"车。比如，我有一个教授朋友要买奥迪A4手排档，逛遍沪上4S店都没有。我问，你为何要开"手排"车？他说，我是研究发动机的，开"手排"有感觉。后来，他还是通过关系才在偏远的地区搞到一辆。我嘲笑他，是否为了省油，舍不得几个油钱？他连说几个"不"字。

我这个朋友是国内研究内燃机的专家，也是这方面的学者，曾在德国做过访问学者，不仅著书立说，还参与自主发动机的研发。所以，他对"手排"的钟爱是从专业的角度出发。无独有偶，有一个赛车手曾对我说过，赛车比赛哪有开"自排"的？开"自排"就相当于玩"傻瓜相机"。有趣的是，我有一个同事，上了年纪也学车，开的是"手排"，有一次在闲聊时，有点鄙视开"自排"。他说，开"自排"就是开"傻瓜车"。尽管他车技一般，但开"手排"让他自信了不少。

不过，若是倒退二十年，情况又不一样了。"自排"车要比"手排"高一点。在汽车刚进入家庭时，开"自排"吃香，说明汽车技术含量高，售价自然比同级"手排"要贵。2000年之后，"自排"迅速普及，几乎是在一夜之间"手排"就成了"小众"。这种逆转带来了汽车消费的全面升级。然而，驾驶乐趣减半，"傻瓜车"盛行。有人说，这也是中国汽车运动起不来的原因之一，只会享用，而不会开车。尽管这样有点夸张，但在老外看来，会开"手排"才叫开车，人车才能合一。

从这个意义上讲，高性能SUV"手排"从十万元切入，这是提升低端产品能级，改变自主品牌形象，树立"公民车"自信的战略举措，也是倡导驾驶技能和素养提升的途径之一，如果从长远看，有不可忽视的积极意义。我不敢预测名爵锐腾十万元"手排"推出会掀起多大的浪花，但我认为它是中国汽车消费由饥饿型走向温饱型的代表之一，这将是不争的事实。

我以为，它所释放的信号则是消费多元和个性，不再是攀比的粗俗，而是品质的优雅，这与时代进步和文明有关。不过，我还是很欣赏这款车有鄙视其他车型的能力和资本，套用罗振宇"鄙视链"的观点，那就是有过人之处就可以鄙视，但这不是骄傲，而是优势。那么，名爵锐腾"手排"的优势在哪儿？现在看来，那就是十万元SUV的品质所竖立起来的新标杆，洋溢着自信的底气。

（首发微信公众号"汽车有智慧" | 2016-03-04）

雷凌双擎"零差价"带来的震撼

颜说：在智能汽车、无人驾驶、互联汽车的喧嚣中，混动零差价汽车来了，令众生雀跃。由此被称为最接地气的实用性技术的胜利。这也就预告了，汽车现在不转型，未来的日子肯定不好混。正如李晖在雷凌双擎发布会上所调侃的那样：汽车要想混得好，现在就得先"混动"起来。

VOL. 51
论雷凌双擎

"雷凌双擎抹平混合动力车与同级车的价格鸿沟，让混合动力车真正触手可及。"

这是广汽丰田执行副总经理李晖在发布会上掷地有声的豪气，道出了企业的实力和对混动市场的信心。由此，混动车进入13万价格区间，不带任何水分和噱头，实打实地告诉消费者："我们是在不赢利的情况下推这款车。"

这是令人难以置信的举措。雷凌双擎上市发布会由此变成了"质疑"和思考的探秘追寻。这是"惊鸿"与"预感"交织在一起的新车发布，意味着汽车产业和市场正在不以人的意志为转移，将会发生裂变。

"惊鸿"的是："雷凌双擎与雷凌以及同等配置中级车的价差为零。"这是继卡罗拉双擎打出14万元起售价后再起的舆论波澜。以汽油车同等价格入市，并享有更加优惠的售后和保值政策，与其说是卖车，不如说近似送福利。

"预感"的是："得益于混合动力系统关键零部件的国产化"所产生的原创技术本地化的体系能力开始发力。效果对比显示：相对于十年前导入的同级普锐斯，价差11万元，而性能则在提升，这意味着混动车的普及已不是空话。

那么，此定价是如何制定的？

在场的媒体一再追问这个问题。厂家如实相告：这是综合了厂家和供应商及经销商三者利益平衡达成的共识。也就是说，如果想做大市场必须做大基盘，让消费者接受并得到利益和价值的体现，还要有尊贵感。

这就是战略，看到了希望的战略，才会取得一致的共识。在现场采访中，无论是厂家和经销商及供应商都已意识到，如果不为明天留后路，今天也不会混好。厂家的直白，道出了当下产业的迷茫、市场的混乱、急需出路的期盼。与其在一个盘子里抢豆子，还不如跳出盘子拥抱新的市场。这就是丰田双擎激活的思路。

凡是了解丰田双擎的人都会感觉到，丰田潜心研发的这款混动总成是专为中国市场量身定制的，走的是低价路线，而性能则是第四代普锐斯的技术，有些地方甚至更皮实和可靠。这就像丰田进入中国合资时，一次性拿出五款手中的王牌（皇冠、霸道、卡罗拉、考斯特和威姿），激怒了竞争对手，由此拉开了中国汽车产品竞赛的大幕。

历史有惊人的相似。今天丰田以双擎战略重回人们的视线，与以前不同，不是恋战于传统汽车，而是另辟蹊径，抓住了产业转型的牛鼻子，试水混动市场的开辟。

就混动车而言，目前丰田占据了绝对的市场份额，成为这一领域的领导者。目前在日本本土，汽车销量的40%是混动车，而在国际上，混动车普遍被接受，丰田800万辆的混动车主要分布在汽车消费发达的国家和地区。混动车的兴起已成世界趋势。丰田专家表示，混动车是进入新能源汽车研发的基础。有了这个基础，才能拿到新能源汽车的入门券。

在这样的背景下，丰田把中国当成混动车未来最大的市场并不是口号，而是切实的行动，并不惜巨资和精力在干这件事。正如丰田章男所说，中国最重要，不仅是指中国政府对环保车的重视，而且是丰田释放混动技术和产品的市场机遇。

从已公布和解析的丰田双擎技术来看，某些混动车看来是属于"鸡毛"，不仅不成体系，产品的可持续性也值得怀疑。如今，又以低廉的价格颠覆了以往对混动车的认知，不仅是抹平了与传统车的差价，关键是让消费者意识到，混动车的价格是完全可以做到被大多数人所能接受的，真正实现了"买得起、用得起、享受得起的环保车"，而不是少数人拿来作秀的玩具。正如业界一位资深汽车前辈所说，现在就要着手摆脱汽油车的时候了。事实上，鼓噪了十余年的新能源汽车，提供给现实的希望依旧渺茫。

也正因为此，丰田双擎的出笼竟得到"空前的共识"，以零差价的姿态进入市场，不得不引起人们的警惕：这等好事如同天上掉馅饼。昨天还在争着抢着想法子要生产享有政府补贴的新能源汽车，今天却遭遇了丰田双擎的阻击。并且，丰田双擎有强大的售后保证打消了消费者购车的顾虑，而且不影响驾驶的习惯。

这一场不期而遇的"汽车革命"提前了。在智能汽车、无人驾驶、互联汽车的喧嚣中，混动零差价汽车来了，令众生雀跃。由此被称为最接地气的实用性技术的胜利。这也就预告了，汽车现在不转型，未来的日子肯定不好混。正如李晖在雷凌双擎发布会上调侃的那样：汽车要想混得好，现在就得先"混动"起来。

毫无疑问，雷凌双擎零差价带来的震撼不止是价格，而是一种从未有过的高度一致，不是为了当下，而是赢得未来。反观现实，有多少共识能凝聚力量去做一件微利甚至是无利的事？除非能给你带来希望和更大的利益。

（首发微信公众号"汽车有文化" | 2015-10-31）

混合动力 汽车革命的前夜

颜说：看过东京车展，回望国内混合动力车和新能源汽车的研发，差距在扩大，连欧美都对日本刮目相看，近在咫尺却不屑而要追慕西方的现象又岂止是舍近求远？看来真正的"弯道超车"在日本。他们不仅研制出了商业化的环保车和电动车，还建立了一套完整的为将来新能源汽车进入家庭的基础设施，为"智能移动城市"做好了准备。

VOL.52
论混合动力

陈丹青说"我看中国现在不必非要学西方、学美国，你好好了解日本，就不得了。"他认为，日本正在不断地创造文化，而且不声张，新的文化的创造力早已超过美国。他有点不解，甚至愤慨，"日本离中国这么近，两三个钟头，我们不了解人家，也不想了解人家，自己还夜郎自大，自以为了解西方，其实了解个屁！"

我有同感。在发展汽车方面，我们就没有很好地借鉴日本的经验。远的不说，就以近的为例，如混合动力车，在日本已经普及，新能源汽车研发（商业化）进展业已临近突破，但我们还忙着寻找与西方合作却找不到北。正如陈丹青所说，"我真不好意思跟人讲，你弄当代艺术,你也别比美国、欧洲,你比日本,就差得远。"

我想,这也许是事实。汽车又何曾不是这样?

日本进入混合动力时代

2011年底,我去日本采访东京车展,看到不少普锐斯(Prius)混合动力车,在大街小巷中穿行,有的还当作了出租车。我感到有些惊讶。离我上次来东京不过三年时间,普锐斯已经开始普及。我问日本同行,这是什么原因?他们告诉我,现在日本人都已经接受混合动力车,认为这是目前最环保又省油的车。在第42届东京车展上,日系车主打的就是"新能源汽车",而混合动力车在车展上遍地开花(本届车展的主题是"智能移动城市")。然而,美系车缺席(拿不出新技术),欧洲车在作秀(概念车)。舆论认为,本届东京车展表明日本在未来汽车走向方面掌握了主动。

也许这是撬动东西方汽车产业格局发生的关键支点。记者在实地采访和了解中已经看到这种可行性正在加快步伐转变为现实。这与我2011年初在德国看到的最先进的混合动力车和电动车以及燃料电池有所不同,日本在这方面的速度已经突破产业化,在向社会智能化转变,提出的口号是摆脱石油,这种努力已经成为全日本社会的国民意识。这就不得不令人思考了。相对而言,国内的新能源汽车包括混合动力车在内,依然还处在摸索和探路的起步阶段。

近年来,围绕新能源技术,不少成果纷纷浮出水面,有的业已开始进入商业化。在这场看不见硝烟的汽车技术竞争中,大家都在斗智斗勇,不到关键时刻谁都不会"亮剑"。与以往的东京车展不同,此次日系车共有14家厂商集中在"新能源汽车"上发力,并都列出了进入市场的时间表。就连日本有关政府部门都十分重视日系车在汽车领域的作为,再度被看作"国家经济的命脉"。从车展中不难看到未来汽车社会的走向不仅是为了满足机动化的低碳和环境友好的需求，而是在社区智能化下的安全便捷，分享社会系统与汽车互动的乐趣，超越传统汽车。

统计显示，普利斯在日本非常畅销，业已超过了传统畅销车的排名。如果现在订购要等上三个月以后才能提车，或者更晚。在汽车已经饱和的日本，普锐斯畅销无疑释放出一个重要信号，就是日本已经进入了混合动力车时代。而这一重要推手就是丰田。今天看来，丰田的功绩不仅是此车的始作俑者，还是汽车摆脱对石油依赖努力中的先行者，并且提供了切实可行的路径做出了显著的成效。

"这是否与2010年日本大地震能源紧张有关系？"日本同行回答我的提问时说，不完全是，但有关系。比如，一位日本大地震志愿者在网上介绍，混合动力车在地震期间汽油供应中断的情况下发挥了作用。普锐斯加满一箱油（45升汽油）可行驶1000公里。这无疑是再好不过的活广告。从已经销售了350万辆的普锐斯使用情况来看（第一代至现在的第三代，时间跨度14年），至今还没有发生过一例与电池有关的故障。我问丰田，普锐斯电池寿命究竟有多长？答案是，普锐斯混合动力车的电池寿命与发动机寿命几乎同等。后来我在丰田动力电池工厂参观中看到，被视为新能源汽车核心技术的电池，日本早已商业化，进入了规模化生产，达到了年产100万台混合动力车以上的配套能力。

汽车摆脱石油已不是梦

十余年前，我在日本试乘过第一代普锐斯，当时感觉这是新成果。日本政府为了鼓励这款车的销售，对购买此车者实施补贴，但吸引力不大，并没有完全撬动市场。消费者一直持观望态度。如今，政府取消了补贴，反而供不应求，发生了大逆转。

从2011年12月开始，丰田生产的普锐斯插电式混合动力车（PHEV）正式上市。除在本国销售外还面向欧美市场，年销量计划6万辆以上。2013年准备引入中国市场。此举被视为丰田在混合动力车上的又一次提升，向新能源汽车过渡迈进了一大步。有人说，这是丰田掌握"未来汽车"走向所释放出的重要信息。

我以为，这是通往彻底摆脱石油道路上升起的一道曙光（丰田已经解决了家庭和汽车的能源管理办法，即H2V Manager。这是一种能够在家中安全、高效地对外插充电式混合动力车和电动车进行充电的工具）。这一点犹如汽车革命的前夜，看到了希望。丰田所表现出来的自信与底气可以从以下三个方面看出。

丰田在此次东京车展上以"重生"作为主题，寓意汽车业态将会发生变化，丰田借助这种变化也将重新崛起的双重意思。事实上，丰田展出的6款多种能源动力的新车，除了插电式混合动力车（PHEV），其余都是全球首发的新车型包括概念车，有混动也有电动，还有燃料电池；有小型FR跑车，也有城市电动车、紧凑型的混合动力专用车辆等。可以说，丰田把环保车和新能源汽车已经推向了汽车的"突破口"。他们认为，能在普通乘用车，即汽油发动机车型上对电能加以利用的，是HEV和EV融为一体的PHEV。实际使用表明，PHEV不存在电池没电无法行驶的困扰，能够不受任何限制地放心使用，容易让顾客选用，是最适合普及利用电能的车型。

"我们认为PHEV将会成为未来汽车发展中的主流车型。"丰田高层表示，PHEV实现了非常低的油耗，没有续驶里程的担忧，可放心地长距离行驶。在使用方面，PHEV可以在家充电，不需要快速充电基础设施，通过适当的电池容量，实现了可接受的价格，同时通过确保行李舱和乘坐空间以及能够短时间充电，提高了使用便利性，具有良好的EV加速性能，是结合了HEV和EV优点的汽车，综合油耗与传统汽车相比可省油70%以上。

作为领先于西方的佐证,丰田与宝马签署了一项在环保技术方面中长期合作备忘录,其中,核心技术就是共同研究新一代锂离子动力电池。不言而喻,目前丰田在动力电池的研发上已经走在应用的最前沿。如笔者在参观丰田大森电池工厂时看到,年产电池(镍氢电池和锂离子电池)已经达到了110万台(这是目前世界上最大的动力电池厂,占全球四分之三的产量)。据丰田负责技术的高层介绍,在新能源汽车的动力电池关键技术上,他们已解决,现在的问题主要是解决如何降低成本,使整车轻量化,以适应消费者的购买需求。作为已经宣布上市的插电式混合动力车,业界专业人士已经注意到,这就是汽车向新能源汽车过渡的关键一步。丰田在接受采访时明确表示,这就是通向新能源汽车的重要平台。从电动到混合动力的自由切换,以满足不同用途需求本身就已经在表明,下一步汽车摆脱对石油的依赖看来已不是纸上谈兵(重要的是,与之配套的社会化体系已经在同步进行)。相比之下,欧美在这方面远没有日本进入市场化的步伐快,而且在前瞻性上也已滞后。

看过东京车展,回望国内混合动力车和新能源汽车的研发,差距在扩大,连欧美都对日本刮目相看,近在咫尺却不屑而要追慕西方的现象又岂止是舍近求远?看来真正的"弯道超车"在日本。他们不仅研制出了商业化的环保车和电动车,还建立了一套完整的为将来新能源汽车进入家庭的基础设施("多样化的移动工具和新一代充电站","家庭和汽车的能源管理",新一代ITS基础设施协调、安全装备、自动驾驶等),为"智能移动城市"的到来做好了充分准备。

(首发人民网 | 2012-01-12)

后记

汽车是解读现代文明的钥匙

感谢海滨兄将拙文收集编辑成书,心中不免惶恐,忐忑不安。原因不外有三:首先是旧文;其次是过时;再次是易碎。这三点也就构成了一再推辞出集的理由。在我看来,出书应以"部头"(专论或专著)为重,小觑集刊。但海滨兄不这样认为。他说,这是真实的记录。因他是编辑出身,又是传记作家,内行之人,花了两年时间才编完付梓,让我感慨良多,除了感激,就是回想和反思。

收集在这里的文字多半是及时性的新闻言论,所以它是"易碎"的,不免浅显或粗糙,但真诚而不夹私货。即便是今天,汽车依然是深不可测,仁者见仁,智者见智。说它是旧文,有时过境迁之意,虽属无用之用,但可留作参照,也算对汽车大潮观察的一个视角。尽管记述过眼烟云,但留下的并非往事如烟。时而唏嘘或扼腕,时而兴奋或希冀。今天看来理所当然,过去则匪夷所思。这就是历史。汽车对于国人来说,从"梦"到"逸乐",不是简单的"现代化"过程,而是"诗意"的开始。虽有"隐痛"或"挑战",却不失为富强的利器或思考的工具。

有鉴于此,把点滴写成专栏,急就成章,周到欠详,在所难免,故而汗颜。尽管如此,我还是要感谢为我开设专栏的诸位友人的盛情。他们是:《汽车导报》的徐茜、《名车志》的缪俊、《东方早报》的贾岱、《第一财经日报》的钱蕾,以及《汽车有文化》的周海滨等。是他们促成了这些文字变成了铅字,留下了我在汽车圈跋涉的脚印。当然,要感谢的不止是他们,还有很多向我约稿的友人,在此就不一一列出,他们都是我的良师益友。

三十年弹指一挥。我也随汽车的脚步由黑发变成白翁。回头看,汽车其实是一门显学。有道是,汽车百年看上海,60年看长春,30年看安亭。这只是对汽车"物"的认知,以西方为参照,尚未来得及对汽车"教化"的思考。现在看来,开掘汽车"教化"资源是时候了。这不仅是造车的需要,提升自信的"物化",还是认知时代和未来的载体。这就像互联网一样,发明虽在美国,落地则在中国。汽车也会这样,中国将会成为"互联网汽车"大国,改变的也许不仅是汽车本身,还有我们自己。这是时代之需。"物质进步如果不转化为精神享受就毫无意义。"

在这样的背景下,看汽车已不是汽车,而是时代大潮里的桅杆。以此为切口,会看到更为宽阔的汽车视域,发现汽车的学问大有可为,可以扯起"境界到世界"的理想风帆去远航。由此,汽车的边界就会拓宽,变成每个人的胸襟和大海,这又岂止是诗和远方?

汽车对于当下中国不正是解读现代文明的一把钥匙？相信这把钥匙也会为我们打开世界的大门。

2017年5月1日于江浦公寓